中論講義 上

立川武蔵

法藏館

序

わたしたちの日常生活における言語の役割は大きなものです。日常生活というよりも人類が人類として存続してきたのは言語の使用によるといえましょう。大乗仏教に理論的モデルを成立させたといわれる龍樹（ナーガールジュナ）の主著『中論』（中論頌）のテーマもまさに言語でした。龍樹にとって言語が世界であったのです。龍樹は、しかし、世界としての言語が矛盾に満ちたものであり、一度は否定されねばならないと考えました。そして、否定された言葉は蘇るのだと主張したのです。

実際に用いられた言語はほとんどの場合、文章あるいは命題のかたちを採りますが、どのような命題でも二つ以上の名辞（単語）が用いられています。例えば「人が歩く」という命題は、「人」および「歩く」という二名辞によって成り立っています。「人」といわれたのみでは、人がどうするのか、どのような者であるのかは分かりません。「人が歩く」という命題が示されたとき、その命題によってまとまりのある意味が伝えられたことを知って人は一種の納得感さえ覚えます。

ところで、「人が歩く」という文章において「人」と「歩く」という二つの名辞がどのように関係しているのでしょうか。ここで「人」という語は人というモノを指しています。「歩く」は一種の運動を意味していますが、歩くことは人に存するのでしょうか。もしそうならば、人というモノと歩くコトはどのような関係にあるのでしょうか。「人が歩く」という命題に限らずすべての命題がこのような問題を抱えています。

もう一つの例として「カラスは黒い」という命題を考えてみましょう。この命題が述べられたとき、わたしたちはまとまりのある一つの意味を了解できます。この文章は「カラス」と「黒い」という二つの名辞によって成立しています。

しかし、その意味はどのようにして可能だったのでしょうか。それは「カラス」と「黒い」という二つの名辞の結合によって成立したのでしょうか。かの二つの語を結び付けたものは何なのでしょうか。

カラスの黒さはどこにあるのでしょうか。黒の色素がカラスの体つまり羽に実在しており、それを人間の視覚器官が捉えるのかもしれません。では、かの色素と羽を結合するものは何でしょうか。さらにその結合と黒あるいは体との関係をどのように説明すべきでしょうか。このような問題が『中論』の主要な問題でした。

龍樹は文章あるいは命題が如何に可能なのか、を考えました。しかし、『中論』における龍樹の関心は、命題の分析哲学的考察にあるのではなく、宗教的なものでした。悟りを得るためには命題あるいは言葉は一度、否定されねばならない、と龍樹は考えたのです。命題が成立するためには二つ以上の項が必要ですが、それらの項の間に分裂（プラパンチャ）があります。そのような分裂があるかぎり、悟りは得られないというのが、龍樹のみならず仏教一般の考え方なのです。

『中論』のほとんどの部分は、命題が真の意味では成立しないということの論証にあてられています。その論証にあっては龍樹独特の論法が用いられているために、従来、龍樹の論法は詭弁だと考えた人もいました。しかし、その論法は形式論理学の法則に則ったものであり、非論理的なものではありませんでした。そのことを論証することが本書のもくろみの一つであります。『般若心経』（四世紀頃成立）は「色即是空」という句で有名です。この句は「迷いは悟りである」という逆説を述べています。龍樹はおそらく初期般若経群に用いられていた「色即是空」という表現に接していたでしょう。しかし、龍樹は『中論』のみならず他の自身の著作においても逆説を述べていません。逆説を用いるならば、その時点で言葉による考究が止まってしまうことを彼は知っていたのです。

龍樹は言葉が否定さるべき「迷いの世界にあるもの」であることを知っていました。その否定さるべき言葉によって、命題すなわち言葉を否定するという方法を採らざるを得ないことも知っていました。それは、迷いの世界が自らを否定することによって自らを蘇らせる作業だったのです。人に与えられた言葉を超えた他者、例えば神の存在を仏教は認めませんから、言葉は自らをまず否定して、そして自分を「浄化」する以外に仏教は手立てを知りません。『中論』は、言葉（プラパンチャ）が自らを否定し、そしてその否定（空性）によって蘇った言葉（仮説）となるプロセスを描いています。

『中論』は約四五〇の頌（偈、シュローカ）よりなっています。頌とは、それぞれ八音節よりなる四句、つまり三二音節からなる詩です。龍樹が生きた頃はこの型の詩あるいは韻文が口承で伝えられていたと考えられます。この三二音節からなる頌（偈）つまりシュローカは、インド文学においても一般的なものであり、『マハーバーラタ』や『ラーマーヤナ』などの叙事詩のほとんどの部分はこのかたちの韻文によって著されています。また、唯識思想の大成者である世親の『唯識三十頌』もシュローカによって述べられています。日本人にとっての七五調といったところです。本書において『中論』を訳すにあたっては、シュローカのニュアンスを伝えるべく句ごとに改行して四行に訳しました。また本書はサンスクリットの知識を前提とはしていません。

『中論』には二七章ありますが、全体の構成ははっきりしません。すくなくとも、序論、問題提起、本論、結論というような構成にはなっていません。しかし、『中論』の基調は一定しており、各章がいわんとしていることは、先に述べたように、矛盾に満ちた言葉を一度は否定して空性へと導くことによってその言葉を蘇らせることなのです。

龍樹の年代は一五〇年頃から二五〇年頃といわれています。南インドのサートヴァーハナ王朝の王あるいは侯に『友への手紙（スフリッド・レーカー）』を送っていることや、他の伝承から南インドで活躍したと推測されています。当時は南インドにも仏教が広まっていました。

龍樹以降のインド大乗仏教は「すべてのものは空である」をスローガンに掲げた中観派と、「すべてのものは心の働きの現れである」と主張する唯識派に二分されたといわれますが、龍樹は中観派の祖とされます。この学派にとっては『中論』が最も重要な論書でした。また唯識派といえども龍樹の空思想の発展であると唯識派の人びとも考えていました。

紀元前後からインド西北部には浄土教が誕生しますが、今日、浄土教の理論的根拠は龍樹作と伝えられる『十住毘婆沙論《じゅうじゅうびばしゃろん》』です。「十住」とは悟りを求めようとする修行階梯のことであり、「毘婆沙」（ヴィバーシャー）とは解説を意味します。

インドでは五、六世紀以降、タントリズム（密教）の台頭が見られます。この新しい潮流では「仏たちが世界に住む」図であるマンダラが用いられますが、マンダラもまた「すべてのものは空である」という空思想を踏まえています。

このように龍樹の思想は大乗仏教の根底にあり、彼は「八宗の祖」といわれてきました。その龍樹の主著が『中論』なのです。

龍樹に帰せられた論書は数多いのですが、真作と考えられる著作に次のものがあります。

『中論』*Mūlamadhyamakakārikā*（サンスクリット本、チベット訳、漢訳が現存）
『廻諍論《えじょうろん》』（論争の超越）*Vigrahavyāvartanī*（サンスクリット本、チベット訳、漢訳が現存）
『六十頌如理論』*Yuktiṣaṣtikā*（チベット訳、漢訳が現存）
『空七十論』*Śūnyatāsaptati*（チベット訳が現存）
『ヴァイダルヤ論』*Vaidalyaprakaraṇa*（チベット訳が現存）
『宝行王正論』*Ratnāvalī*（サンスクリット断片、チベット訳、漢訳が現存）
『勧誡王頌』（王への手紙）*Suhṛllekha*（チベット訳、漢訳が現存）
『四讃歌』*Catuḥstava*（サンスクリット断片、チベット訳が現存）
『大乗破有論』*Bhavasaṅkrānti*（チベット訳、漢訳が現存）
『菩提資糧論』（漢訳が現存）

これらの著作は和訳されています（巻末の「略語および文献」参照）。先ほど触れた『十住毘婆沙論』は漢訳のみに残っていますが、おそらく龍樹の作品と考えられており、他に大部な『大智度論』の中にも龍樹の述べた部分がわずかに見られるといわれています。

インド、チベット、中国、日本において『中論』に対して数多くの注釈書が著されています。インド人の手になる注釈書は現在、次のようなものが残されています。

1. 『無畏《むい》注』（チベット訳が現存）
2. 青目《しょうもく》注（ピンガラ注）（鳩摩羅什による漢訳『中論』が現存）
3. 仏護《ぶつご》注（ブッダパーリタ注、チベット訳が現存）
4. 安慧《あんね》注（スティラマティ注、漢訳『大乗中観釈論』が現存）
5. 清弁《しょうべん》注（バーヴィヴェーカ注、チベット訳、漢訳『般若灯論』が現存）
6. 観誓《かんぜい》復注（清弁注に対する復注、チベット訳が現存）
7. 月称《げっしょう》注（チャンドラキールティ注、サンスクリット・テキスト『明らかな言葉』、チベット訳が現存）

（これらの七注釈の詳細に関しては巻末の「略語および文献」を参照されたい。）

チベットにおいても幾多の注釈書が著されました。ゲルク派の祖ツォンカパによる注釈書がよく知られていますが、本書においてもツォンカパの理解に言及することにしました。中国仏教では嘉祥大師吉蔵による『中観論』が重要ですが、本書では中国仏教における『中論』注釈の伝統さらには中国の伝統を受けた日本仏教における『中論』理解については別の機会に俟つことにして、ほとんど触れていません。

本書は、二世紀頃の龍樹の主著『中論』の論議の論理構造を明らかにしようとするものであり、龍樹以後の中観派の思想史を扱ったものではありません。

一九九四年出版のわたしの『中論の思想』（法藏館）は『中論』の論議の構造を考察したものでしたが、本書における『中論』の論法に関する理解は基本的には変わっていません。『中論の思想』において述べた態度・方法によって『中論』の全偈を理解しようとしたのが本書です。

なお、『中論』を訳すにあたってはこれまでに発表されたいくつかの和訳、特に宇井伯寿、平川彰、中村元、三枝充悳、渡辺照宏等の諸氏の訳を参考にしました。インドにおける注釈書や和訳の詳細に関しても巻末の「略語および文献」を参照されたい。

これまでにわたしは実に多くの師から学ぶ機会を得ることができました。名古屋大学教授の上田義文先生からは仏教文献の宗教哲学的考察の態度を、同大学の北川秀則先生からはサンスクリット・テキストの厳密な読み方を、ハーヴァード大学のダニエル・インゴールズ先生からは『中論』における命題の扱い方を、そしてカリフォルニア大学バークレー校のフリッツ・スタール先生からは『中論』における論議領域の概念について学ぶことができました。ここに名前を挙げることのできなかった先生や友人からも多くを学ぶ機会を得ました。ここに記して感謝のしるしとしたいと思います。

また、本書の出版を引き受けていただいた法藏館には厚く御礼申し上げます。

本書が基本的な仏教文献である『中論』の理解のために少しでも貢献できることを願います。

二〇二四年一月三日

立川武蔵

中論講義　上＊目次

序　i

第一章　因縁の考察――ものと生ずること――……3
一　帰敬偈　3／二　ものの生じないこと　10／
三　四種の縁の総説　16／四　第一の縁の否定　27／
五　第二の縁の否定　28／第三の縁の否定　29／
七　第四の縁の否定　31／八　結果の否定　35

第二章　運動の考察――歩く人と歩くこと――……40
一　歩くことと場所　40／二　歩く者と歩くこと　64／
三　歩くことのはじめと休止　76／
四　歩くことと歩行者の一体と別体　80／
五　歩行者と三種の歩くこと　87

第三章　感覚器官の考察――見るものと見られるもの――……90
一　感官と対象は存在するという反論　90／

二　眼は自分自身を見ない　94／
三　見る者も見る作用も存在しない　99／
四　識・取等も存在しない　100

第四章　構成要素（蘊）の考察——原因と結果——……105

一　物質（色）とその因の関係　105／
二　これまでの考察の適用　117／三　空性への反論への批判　117

第五章　元素（界）の考察——特質と特質づけられるもの——……121

一　虚空とその特質との関係　121／
二　ものと無の関係を知る者　133／
三　これまでの議論の適用　134／
四　見られるものの鎮まっためでたいもの　135

第六章　煩悩と煩悩に染められた人の考察……137

一　貪欲と貪者との前後関係　137／

二　貪欲と貪者との合はない　143

第七章　有為と生・住・滅の考察……152
一　有為のものと生・住・滅　152／
二　灯火は自と他を照らすという反論とその批判　159／
三　生ずることが生ずることを生むという反論とその批判　162／
四　住することも滅することもない　166

第八章　行為と行為者の考察……175
一　行為者は行為をしない　175／
二　非実在の行為者は非実在の行為をしない　181／
三　実在かつ非実在の行為者は行為をしない　186／
四　行為と行為者との相依関係　188

第九章　見る働きとそれに先行する者の考察……192
一　見る働きに先行する者が存するという反論　192／

二　先行する我は存しないという龍樹の批判　195／三　見る働きと先行者との関係　197／四　見る者にかんする龍樹の見解　200

第一〇章　火と薪の考察——能動と受動——……204

一　火と薪との一体性と別体性　204／二　火と薪との依存関係　218／三　火と薪の五種の関係　223

第一一章　始まりと終わりの考察……228

一　輪廻の始まりと終わり　228／二　生と老死の前後関係　232／三　すべてのものの始まりの否定　235

第一二章　苦と個我の考察……237

一　苦は作られたものであるという反論とその批判　237／二　苦と個人我　241／三　苦は自から作られたものではない　242／四　苦以外のものも存在しない　244

第一三章　現象の考察――自性と変化――……246
一　すべての現象は虚妄であるという主張　246／二　自性と変化　255／三　空性にかんする理解　269
第一四章　和合の考察――感官と対象――……272
一　感官と対象の和合　272／二　自と他の概念　278
第一五章　自性の考察――自体と他体――……284
一　自性と因・縁　284／二　自体と他体　289／三　存在と無　291／四　本性と変異　294
略語および文献　301

『中論講義』下＊目次

第一六章　束縛と解脱の考察
第一七章　行為と結果の考察
第一八章　我と無我の考察
第一九章　時の考察――過去・現在・未来――
第二〇章　結合の考察――因と縁――
第二一章　生成と消滅の考察
第二二章　如来と構成要素の考察
第二三章　錯誤と真実の考察
第二四章　最高真理と世間的真理の考察
第二五章　涅槃の考察――存するものと無――
第二六章　十二因縁の考察――仮説としてのアビダルマ教説――
第二七章　誤った見解の考察

中論講義　上

第一章　因縁の考察——ものと生ずること——

一　帰敬偈

龍樹は大乗仏教の祖であるとか、龍樹の主著『中論』は大乗仏教に理論的なモデルを与えたといわれていますが、彼がどのような意味で大乗仏教の祖であったのか、また『中論』がどのようなモデルを与えたのかは今日まだはっきりしてはいません。ともかくも『中論』の内容の特色は特殊な論法によって進められていることです。この奇異とも言うべき論法の難解さは『中論』全体を覆っています。その特殊な論法は、意味のない詭弁ではなく論理学的な裏づけのあるものであると思われますが、その論法にかんする考察は十分になされたわけではありません。

『中論』を読みながら、龍樹が何をいおうとしたのか、あるいはどのような論法を用いようとしたのかを見ていきましょう。『中論』の注釈は数多くあり、龍樹を祖とする伝統、すなわち中観思想にかんする書も多数あります。ここではまず『中論』を直接読むことによって、『中論』の匂いに触れることにしましょう。もっとも必要に応じて、その後の中観派の歴史あるいは『中論』の注釈書にも触れることにします。

『中論』の帰敬偈は、古来、八不偈と呼ばれており、『中論』の思想をまとめた偈として有名です。しかし、この偈は龍樹自身の書いたものではないのかもしれません。オーストラリアのキャンベラ大学の故ドゥ・ヨング教授が出版された『中論』のテキスト［de Jong 1977］（ドゥ・ヨング版）は、イタリアのチベット学者G・トゥッチがドゥ・ヨングに渡した写本の写真に基づいているのですが、この写本には帰敬偈はありません。最近は、この帰敬偈を龍樹自身が書いたものではないという理解の下に『中論』研究を進める研究者が多くなっています。しかし、この帰敬偈つまり八不偈は現存する最も古い注釈書である『無畏注』、さらには青目（ピンガラ）の注などのなかでは龍樹が述べたものとして扱われています。青目注の漢訳者は鳩摩羅什（クマーラジーヴァ）であり、この羅什訳がこれまで中国や日本における『中論』の基本テキストになってきました。『中論』といえば、日本では一般に羅什が訳した青目の注釈書を指します。青目注はチベット訳もサンスクリットも残っておらず、羅什の漢訳が残っているのみです。

清弁（バーヴィヴェーカ、五七〇年頃没）の注も残っています。この清弁の注にも帰敬偈は『中論』の偈として扱われています。また七世紀の注釈家月称（チャンドラキールティ）の注釈書はサンスクリット・テキストとチベット訳が残っています。漢訳は残されていません。月称注のドゥ・ラ・ヴァレ・プサンによる版［**de la Vallée Poussin** 1903-1913］（プサン版）では帰敬偈は一章の第一偈としてではなくて、一章から独立した帰敬偈として扱われています。

帰敬偈は、先ほど述べたように、龍樹自身が書いたものか否かは明らかではありませんが、『中論』の注の歴史、あるいは中観思想史の中でこの八不偈が重要な役割を持ってきたことは事実です。『中論』およびその注釈書の歴史を考える場合、この帰敬偈を除いて考えることはできないと思われます。『中論』帰敬偈は以下のようです（プサン版　一一頁）。

滅することなく、生ずることなく、断なることなく、常なることなく、同一のものなく〔あるいは、同一のものでなく〕、異なるものなく〔あるいは、異なるものでなく〕、来ることなく、行くことなき、戯論（言語の多元性）の止滅した、吉祥なる縁起を説いた正覚者、もろもろの説法者中、最も優れた人にわたしは敬礼する。

この偈にはさまざまな問題があります。例えば、「同一のものなく、異なるものなく、」と訳しましたが、「同一のものでなく、異なるものでなく」とも訳すこともできます。このように二種に訳すことができるということ自体、この偈に問題があることを意味するのですが、ここでは問題のあることを指摘するに留め、次に進むことにします。「戯論」という概念は龍樹の思想にとって極めて重要なものですが、これの説明も後ほどいたします。「言語の多元性」という訳語は、梶山雄一訳を参考にしています［梶山　一九六七：三一二］。

この帰敬偈の中の「滅することなく、……行くことなき」までの八つの句はそれぞれ否定詞を含んでおり、「戯論の止滅した、吉祥なる」という表現と同様に「縁起」という言葉を修飾しています。帰敬偈前半は羅什訳では「不生亦不滅、不常亦不断、不一亦不異、不来亦不出」とありますが（大正

蔵　第三〇巻　一頁中）、「不生亦不滅」から「不来亦不出」までで一つの文章が終っていると解釈されたことがありました。つまり、八不で表現されたことが縁起の内容を語るものであるとは考えられたのですが、この偈前半が後半部分とは別個の文章であると理解されたのです。しかし、これはサンスクリット原典を無視した理解です。「滅することなく、生ずることなく、……」という八句はそれぞれ目的格であり、同様に目的格である「縁起」という語を修飾しています。そして、その「縁起」という語は「説いた」という動詞の目的語なのです。

これらの八つの修飾語は、サンスクリット・テキストではそれぞれ否定詞を含んだ複合語です。つまり「滅することなき」（anirodha）とは「滅すること」（nirodha）と「～のない」（a-）という否定詞との複合語であり、この複合語が「縁起」という語を修飾しています。では「滅することなき縁起」あるいは「生ずることなき縁起」とはどのようなことなのでしょうか。

この八つの語を見ますと「滅することなく、生ずることなく……」の中の、二つずつが対になっていることが分かります。すなわち「滅することなく」と「生ずることなく」は一つの対をなし、「断なることなく」と「常なることなく」が、また「同一のものなく」と「異なるものなく」とが、さらには「来ることなく」と「行くことなき」もそれぞれ対になっています。「滅すると生ずる」、「断であると常である」そして「来ると行く」は反対の関係にあり、矛盾の関係にはありません。しかし、「同一であることと異なること（非同一であること）」は矛盾の関係にあります。「生ずる」と「生じない」、あるいは「滅する」と「滅しない」は矛盾の関係にあります。しかし、「滅する」と「生ずる」は矛盾の関係にはありません。ここで述べたような「反対」と「矛盾」との相違は、『中論』の議論において重要なことです。

龍樹は、かの上述の八つの中からまず生じないことを取りあげて、ものと生じないこととの関係を考察します。『中論』第一章においては「ものが生ずるか否か」が論じられているのであって「ものの滅すること」は論じられてはいません。「滅するのでもなく、生ずるのでもないあり方を中道と呼ぶ」という理解がしばしばなされてきましたが、このような考え方は『中論』には見られません。来ることもなく、行く（去る）こともなく、停止しておれば中道なのか、という疑問も生まれるかもしれませんが、『中論』の述べる中道とはそのようなことではありません。「有と無の狭間にあることが中道である」というような考え方も『中論』には見られないのです。

帰敬偈において「生ずることなく」という語は「生ずることなき縁起」というように「縁起」という語を修飾していますが、『中論』において「真理としての縁起が生ずる」あるいは「生じない」といった議論は行われていません。たしかに帰敬偈のなかで「生じない縁起」といわれ、また後の第一八章第七偈には「法性（真理）は生じたものでもなく滅したものでもない」という表現が見られます。しかし、『中論』の各章の論議において、「縁起が生ずる」とか「生じない」に関する論議は一箇所もありません。問題になっているのは「もろもろのものが生ずる」とか「生じない」ということです。

縁起とは一般に、あるもの（x）があるもの（y）に依って生ずる関係をいいます。そのような関係が真理として考えられているのです。しかし、関係あるいは真理が生ずるとか生じないという論議は、少なくとも『中論』ではなされていません。

もしもこの帰敬偈の作者が「もろもろのものが生じもせず、滅しもしないことが縁起である」と主張しようとしていたならば、そのような表現を採ることができたはずです。しかし、帰敬偈ではそのようには述べられていません。『中論』全体ではもろもろのものが生ずる、あるいは滅するということが問題になっているにもかかわらず、帰敬偈では「もろもろのものが生じない」あるいは「滅しない」と表現することなく、「生ずることなき」という語によって「縁起」を修飾させて「生ずることなき縁起」と述べたということには、それなりの意図があったと考えられます。

　ようするに『中論』では、縁起が滅する、あるいは生じないという議論はなく、「いかなるものにも生ずることはないこと」の論証がなされているのです。この問題はすでに三枝充悳氏が指摘されています［三枝 1965:25］。氏は「縁起は生じない」とか「縁起は生ずる」という命題の無意味さを指摘された上で、「縁起は諸法（もろもろのもの）が不生である」という解釈を提唱されており、それは、「花は色彩が赤い」というのと同様である、といわれています。しかし、わたしは、別の観点からこの問題の解決を考えたいと思います。

　この問題にかんするわたしの解決は、以下のようなものです。すなわち、縁起（プラティートヤ・サムトパーダ　pratītyasamutpāda）という男性名詞は「［あるもの（x）に］依って（pratītya）［あるものyが］生ずること（samutpāda）」を意味します。この「縁起」という語の他に「縁起生」（プラティートヤ・サムトパンナ　pratītyasamutpanna）という語があります。いわゆる形容詞です。すなわち、この語自体には決まった「性」がなく、修飾する語の性に従って男性名詞、中性名詞、あるいは女性名詞の語尾を採り、「縁起せるもの」を指します。『中論』帰敬偈にみられる「生じない縁起」というときの「縁起」はサンスクリットでは「縁起すること」とありますが、意味としては「縁起せるもの」を指しているると思われます。つまり、帰敬偈における「生じない縁起」の「縁起」は「縁起せるもの」をも意味しているのであろう、というのがわたしの解釈です。詳しくは〔立川 一九九四：二二九〕を参照されたい。

「縁起」（他のものに依って生ずること）と「縁起生」（縁生、他に依って生じたもの）との区別が『中論』においては曖昧にされています。仏教ではモノとコトとの区別がしばしばはっきりしないのです。モノ（実体、基体）とコト（属性、性質）との区別があいまいにされるということは、実は仏教のみならずヒンドゥー教の一部にも見られることであり、さらにこれはインド哲学をインド型実在論とインド型唯名論に二分するほどの大きな問題ともなるのです（〔立川 一九九二：一〇〇〕、〔立川 二〇〇三：四〇〕、〔立川 二〇二一a：一七五〕参照）。

まだ問題が残っています。それは、「同一のものなく〔同一のものでなく〕、異なるものなく〔異なるものでなく〕」という複合語が、どのような種類の複合語かということです。「縁起という法則は、一つのものである」とか「異なるものである」という議論は無意味です。『中論』において「一つのものでない」とか「異なるものでもない」ということが問題になるのは、「行く人」と「行くこと」というような二つのもの（項）が一体であるのか、あるいは別体であるのか、という論議においてなのであって、関係あるいは法則自体が一体であるか否か、というような論議は見られません。

さらに、もろもろのものに一つのものが存するとか、存しないとかは論議できません。複数のものに一体であること（一体のものたること、一体性）が存するといえば、それらのものが一体であるということになります。それゆえ、偈の中の「同一のものでなく」（**anekārtham**）は「一体性なく」の意味であるべきです。月称は『中論』注『明らかな言葉』のなかで「異なるもの」（anekārtha）を「異なるものであること、別体性」という意味に取っています［立川 一九九四：二二三］。帰敬偈のサンスクリットは「縁起には異なるものがない」あるいは「縁起は異なるものを持たない」と直訳できるかもしれません。しかし、「縁起が異なるものを持たない」というようなことは『中論』では論議されていません。この場合も「異なるものを持たない」ではなくて、異なるものたることを持たない、つまり異なるものでないという意味でなくてはなりません。

かつてインドのプーナ（プネー）を訪れた際、文法学に詳しい伝統的パンディットであるバガヴァティー・シャーストリに『中論』の「同一のものなく、異なるものなく」というのはどのような意味かと尋ねたことがあります。氏は問題の箇所は文法的には「一体性もなく、別体性もなく」の意味でも読むことができると答えられました。

先述のように、この帰敬偈は龍樹が書いたものか否かは定かではありません。しかし、すでに述べたように、歴史的にはこの偈は現存するもっとも古い注釈書をはじめとしてほとんどの注釈書に含まれており、重要な意味を与えられてきました。特に羅什訳を用いて『中論』を考察してきた中国、日本、韓国、ベトナムの仏教などにおいては、帰敬偈は非常に重要な偈として扱われてきました。

二　ものの生じないこと

『中論』第一章第一偈から読んでいくことにしましょう。サンスクリット・テキストはドゥ・ヨング版［de Jong 1977］を用いましたが、わずかな箇所の訂正・変更はしました。その訂正等は注に述べることにします。

1・1 自からも、他からも、
　両方からも、無因からも、
　どこにおいても、いつにあっても、
　もろもろのものは生じない。

この偈の内容が『中論』の論議の大前提です。月称はこの第一章を注釈するために、七五頁（プサン版）を費やしています。また、月称が著した中観派の教義書の『入中論』でも、ほとんどの内容がこの第一偈を説明するのに当てられています。月称の思想を重視した、チベット仏教ゲルク派の開祖ツォンカパも『中論』に対する自身の注の中でこの偈を大きく扱っています。

第一偈において問題になるのは、自、他、自と他の両方（共）、および無因（非自から非他）の四つの格です。もろもろのものは自から、他から、両方から、さらには無因からも生じないというのが第一偈の骨子ですが、反対論者は「実際にもろもろのものが生じているではないか、世界の現実を見よ」と反論します。それに対して、龍樹は、もろもろのものがもし生ずるのであれば、四つの場合（格）以外にはないと主張します。その四つの場合とは、ものが自から生ずるか、非自すなわち他から生ずるか、かの両方（自および非自）から生ずるか、自でもなく非自でもない領域（無因）から生ずるかの四つです。このようにすべての可能なケース（格）に分けて、それぞれのケースを否定していくというのは龍樹の論法の特徴です。ちなみに当時はかの四つのケースが可能なケースのすべてを網羅していると考えられていたのです。

ここで重要な点は、「もろもろのものは生じない」という場合の「生ずる」という動詞にかかる否定詞「～ない」の機能です。「この犬は白くない」は、英語では This dog is not white. です。この not という否定詞は is white という述部を否定しています。一つの命題における述部の否定は命題全体の否定として機能します。「もろもろのものは自から生じない」とは、「もろもろのものは自から生ずるということはない」と論理的には同じことです。したがって、かの英語の文章は It is not that this dog is white. と書き換えることができます。「自から」「非自から」「自および非自から」「自でもなく非自でもない」は、それぞれ「生ずる」という述語動詞にかかっています。「自から」等は「もろもろのもの」という名詞にかかってはいません。

「非自から生じない」を「自から生じないことはない」と解釈することはできません。「非自」の「非」は「自」という名辞の否定であり、「生じない」の「ない」は命題の否定です。龍樹は名辞の否定と命題の否定を厳密に区別します。このことは『中論』における論議の基本です。

ここで「他」とは、「非自」つまり「自以外の領域」を意味します。そしてこの自と他を合わせればすべての論議領域となります。自の領域と非自の領域の両方を合わせたもの（共）が第三の格です。第三格については少しコメントが必要でしょう。自の領域と非自（他）の領域を合わせたもの（和）はたしかに全論議領域となりますが、第三格が「自でありかつ同時に非自でもあるもの」の意味に解釈されることがあります。この場合は矛盾として処理されます〔立川 一九九四：二六二〕。『中論』および諸注における論議にあっては、状況に応じて上述の二つの解釈のいずれかが選択されています。どちらの意味に取られていたのかがはっきりしない場合もあります。

「自でもない、非自でもない領域」が第四格ですが、実際にはそのような領域は存在しません。記号と図を用いて四つの格を説明しましょう。まず、自（第一格）を**M**とすると、他（第二格）は**non-M**になり、**M**と**non-M**を合わせるならば論議領域のすべてになり、これは第三格です。**M**と**non-M**の交わりは第四格ですが、この領域はゼロであり、存在しません。これらの四つの格は以下の四図（図1・1a〜d）によって図示できます。

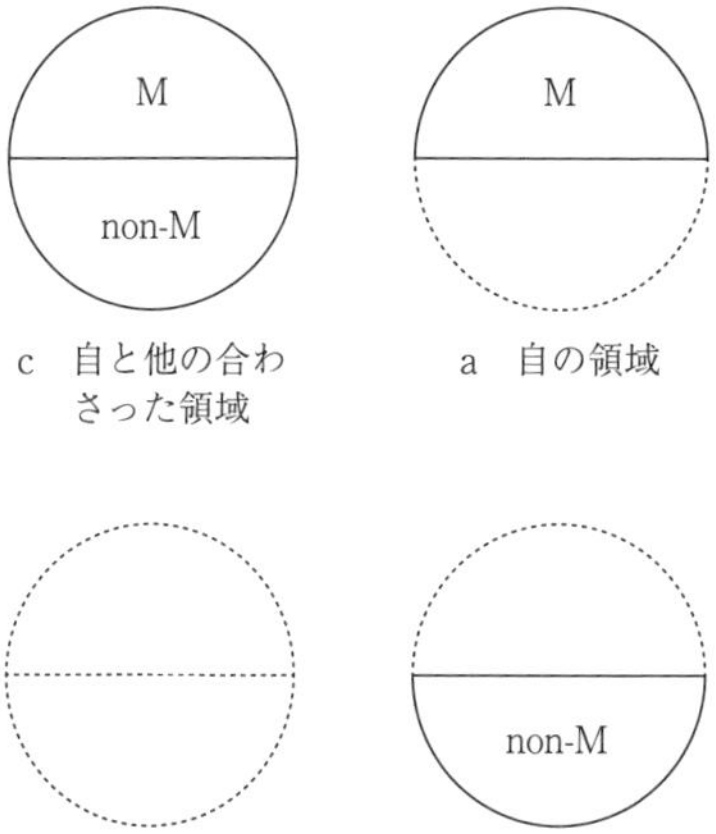

a　自の領域
b　他の領域
c　自と他の合わさった領域
d　自でもなく，他でもない領域

図1・1a〜d　自、非自（他）、自と他（共）、無因（非自かつ非他）という四格への分割

このような四つのケース（格）に分けることを伝統的には四句（四句分別、チャトゥシュ・コーティ catuṣ-koṭi）といいます。四句分別は命題の中の一つの名辞の指し示す領域（外延）の分割に関わるのであって、命題全体の否定とか肯定には関係しません。もろもろのものは自から生ずるか、非自から生ずるか、自および非自から生ずるか、無因（自でもなく非自でもない領域）から生ずるかのいずれかです。当時はこれ以外の可能性はない

と考えられていました。『中論』の四句分別の第二格は常に第一格における領域の補集合となっています。例えば、ここの場合の第二格（図1の1b）の「他」は「非自」であり、第一格である「自」の補集合です。つまり、第一格の領域（自）と第二格の領域（非自）を合わせれば全論議領域が得られるのです。

龍樹は「ものが生ずる」ことの可能な場合を四つのケースにまず分け、次にその四ケースのそれぞれを否定していきます。すなわち、

A　もろもろのものは自から生ずることはなく、かつ
B　もろもろのものは他（非自）から生ずることはなく、かつ
C　もろもろのものは自および他の両者から生ずることはなく、かつ
D　もろもろのものは自でもなく他でもない領域から生ずることはない。

AからDまでの四命題が「AかつBかつCかつD」というように連言命題で表現されていることに注目すべきです。連言命題とは、それを構成するすべての命題が真であるとき、ただそのときにのみ真である命題をいいます。AからDまでの四命題がすべて真であるとき、ただそのときにのみ「AかつBかつCかつD」は真となります。ものが自から生ずることもなく、かつ他から生ずることもなく、かつ自および他の和から生ずることもなく、かつ自でもなく他でもないところから生ずることもないというように連言によって主張することは論理的には正しいのです。というのは、ここでは生ずるものがないと考えられているからです。どこにも生ずるものがなければ、AからDまでの四命題はすべて同時に真となります。それが龍樹の目指すことでした。ものがどこからであれ、ともかくも生ずる

ことがあれば、この連言命題は偽となります。

後世、中国の華厳仏教の大成者法蔵は、自らが著した仏教綱要書『華厳五教章』において「因はものを生ぜしめる作用があるはずであり、自からも他からも生じないことはあり得ない。それゆえ、「自からも他から生じない」という第三の格は論理的可能性から除外して考えてよい」と考えました［立川 一九九四：二八二］。法蔵は、ともかくものは存在するのであり、因はものを生ぜしめなければ因ではない、もしも自から生じなければ非自（他）から生ずるはずだ、と考えたのです。

おおむね中国人は、ものは存在するという前提で話をすすめます。むろん彼らも、ものはあるように見えても壊れることがあるということは認めています。ものは存在するが、それは壊れて無となるものでもある。無となることはあっても、ともかく目の前に存在している。このように、ものそのものは見えなくなったとしても存在している、と多くの中国人は考えます。また、このような矛盾的なあり方、相反する二面がもろもろのものにあるということを中道と呼ぶ傾向が中国仏教にあります。

インド人はものの存在に関して、少なくとも中観派の者たちは中国人のようには考えません。ものは存在するかのように見えるかもしれない。しかし、それは空性に至った経験のある者がよみがえった言葉によってものごとが存すると考えられている場合であり、究極的真実にあってものは存在しないのだ、と中観論者たちは考えます。彼らは何も存在しないということを究極的な立場として受け入れるのです。一方、中国の人たちはそのような「空なる世界」を究極的なものとしては受け入れません。中国の人びとにとって宇宙の根本というべき元は、あってあるものなのです。世界あるいは元が存在しないものだということは中国人たちには考えられないことです。しかし、インドの空思想ではものが余すところなく、無とならなければ真理は得られないと考えられます。

日本人は幸か不幸か、このようなことは深く考えません。ものはあってもなくてもいいし、ものが移ろいゆくということは美しくていいではないかという程度にしか考えません、といえばいい過ぎでしょうか。

三　四種の縁の総説

第二偈を見ましょう。羅什訳や他のいくつかの注釈書では、ドゥ・ヨング版の第二偈が第三偈となっており、ドゥ・ヨング版の第三偈が第二偈になっています。われわれはドゥ・ヨング版にしたがうことにします。というのは、ドゥ・ヨング版の第二偈はアビダルマ仏教の因（縁）にかんする総説を掲げており、龍樹はこのアビダルマ説を第三偈以降で批判しているからです。「縁」（プラトヤヤ pratyaya）という語は、一般には条件を意味しますが、『中論』では原因（ヘートゥ hetu）をも意味します。われわれは羅什訳にならって「縁」という語を原因をも含む広い意味に用いることにしますが、場合によっては「因」あるいは「条件」という訳語をも用いることにします。その方が現代のわれわれには分かりやすいと思われるからです。

1・2　縁は四種である。
　　原因と認識対象と

直前の瞬間と間接的縁である。
第五の縁はない。

羅什訳における伝統的な訳語も見ておきましょう。羅什訳では以下のようです。

因縁次第縁　（因縁と次第縁と
縁縁増上縁　縁縁と増上縁との
四縁生諸法　四縁は諸法を生む。
更無第五縁　さらに第五の縁なし）（大正蔵　第三〇巻　二頁中・下）

この羅什訳において「因縁」（hetu）とあるのは一般的な原因のことです。サンスクリット・テキストにおける第二の縁（因）としての認識対象は、羅什訳では第三の縁として「縁縁」と訳されています。今わたしが本を見ているとしましょう。その本はわたしの認識の対象という意味で原因となっています。アビダルマ仏教では一般に認識対象になっているものを認識の縁（因）という意味で所縁《しょえん》縁《ねん》といいます。「所縁」すなわち縁ぜられるものとは、認識対象となるもののことです。われわれは「プラトヤヤ」（pratyaya）という語を「縁」と訳していますが、この語は認識、観念をも意味します。今問題としている箇所では認識対象を「プラトヤヤ」と呼んでいますが、認識をそのように呼ぶことは後世では一般的です。そもそも「プラトヤヤ」とは「依りてあるもの」を意味しますから、対象に依ってある認識も認識に依って存在すると考えられた対象もともに「プラトヤヤ」と呼ばれたのです。

羅什訳では第三番の縁を「次第縁」と訳しています。アビダルマ仏教では「等無《とうむ》間縁《けんえん》」と呼ばれてきました。われわれは「直前の瞬間」と訳しています。アビダルマ仏教のみならず龍樹にとっても、ものは瞬間瞬間に滅び、また次の瞬間に生じています。瞬間に滅ぶものは、次の瞬間にものが生ずるための力を渡し、自らは滅んでいきます。それゆえ、前の瞬間は次の瞬間の生まれる縁（因）となると考えられていたのです。

第四の間接的縁とは、あるものが生ずるのに障害とならないという意味で因となったものを指します。例えば、わたしは今日この大学に来ました。しかし、最近の株価の変動は、わたしが今日大学に来ることの直接的支障にはなりませんでした。このように障害とならないという理由で縁あるいは条件となっていると考えられるのです。これは増上縁《ぞうじょうえん》とも呼ばれてきました。これら四つ以外の縁はないと偈にありますが、これらの四つがアビダルマ仏教において考えられている縁（因）です。これらの四種の縁は、龍樹の死後、一五〇年あるいは二〇〇年経って成立したアビダルマ仏教の綱要書『倶舎論』に述べられています。龍樹が『中論』を著すにあたってアビダルマ仏教のどのようなテキストに接したのかは明らかではありません。

さて、龍樹はアビダルマ仏教の考える四種の縁を一応列挙した上で、それらのすべてを順に否定していきます。『中論』のなかではバラモン哲学学派であるニヤーヤ学派やヴァイシェーシカ学派に対する批判も見られないわけではないのですが、主要な論争相手はアビダルマ仏教です。

第三偈を見ましょう。

1・3　もろもろのものの自体は

縁等には見られない。
自体が見られないとき、
他体は見られない。

「縁等」とは、第二偈に述べられた四種の縁を指しています。「縁等には見られない」と偈に述べられるためには、この縁等がすでに前偈において言及されているべきです。したがって、ドゥ・ヨング版に見られるように、この偈は先ほど見た二偈の後に来るべきものです。しかし、先述のように、羅什訳では、今われわれが読んだ二偈と次の三偈が入れ替わっています。ドゥ・ヨング版の偈の順序が正しいと思われます。

この第三偈では「スヴァ・バーヴァ」（svabhāva）という語が重要な意味を持ちます。通常、この語は「自性」と訳されますが、ここでは「自体」と訳した方が良いと思われます。第三〜四句に「自体が見られないとき、他体は見られない」とありますが、この自体と他体は補集合的関係にあります。つまり、自体と他体を合わせるならば論議領域のすべてが得られます。それゆえ、少なくともここでは「スヴァ・バーヴァ」とは特定の性質（特性）という意味ではなくて、自体あるいはそれ自身とほとんど同じものを意味していると考えられます。

アビダルマ仏教では「スヴァ・バーヴァ」が水の湿性のように特性、つまり水のみに見られる性質を意味することもありますが、そのような場合、この性質の他にも水には流動性、重さなどの諸性質があると考えられていました。それゆえ、特性としての「自性」とそれ以外のものとしての「他性」

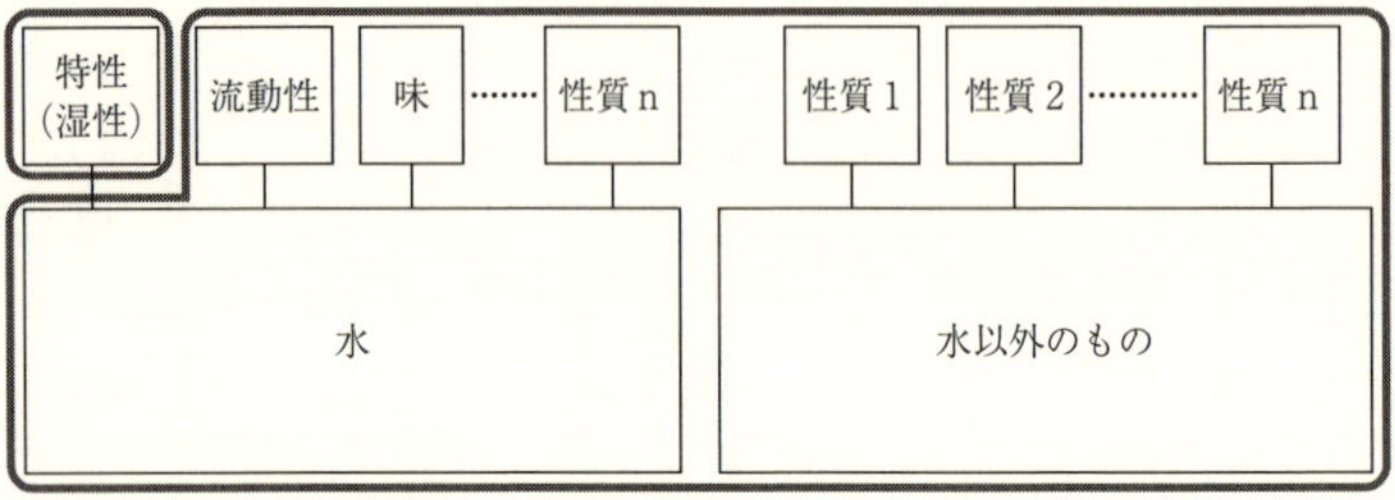

図1・2　自性（特性）と自性以外のもの
（「自性」（スヴァ・バーヴァ）が特性を意味するならば、非自性としての「他」は、水の特性以外の諸性質、水という基体、水以外の基体とそれらが有する諸性質をすべて合わせたものとなります。）

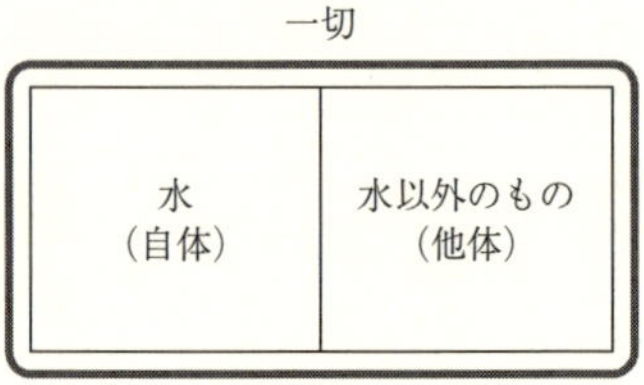

図1・3　自体と他体（自体と他体の和は一切です。）

（他体）が補集合的関係にあると龍樹が述べたと考えることは困難です。というのは、その場合の「他性」は湿性を除いた水の諸性質とそれらを有する基体としての水、さらにはそれら以外の宇宙の中のすべてのものの集合を指していると考えざるを得ないからです（図1・2参照）。しかし、そのように考えるよりも、水自体と水以外のもの（他体）との両者を龍樹が考えていたと理解すべきでしょう（図1・3）。「他体は見られない」とは、他体は他体にとって自体であるからです。

図1・2は実在論を説くヴァイシェーシカ学派の考え方に沿った図のように見えますが、アビダルマ仏教にあっても水に湿性などの性質があると考えられていることを示したまでであり、アビダルマ仏教ではヴァイシェーシカ学派のように実体と属性の間にダルマ・ダルミン関係（属性・基体関係）を認めているわけではありません。

1・4　作用は縁を有するものでなく、
　　作用は非縁を有するものでもない。
　　縁は非作用を有するものでなく、
　　作用を有するものでもない。

龍樹は第四偈前半において「作用は、いかなる縁も有しない」、後半では「縁は、いかなる作用も有しない」と主張します。その際、前半では縁を「縁」と「非縁」とに分け、後半では作用を「作用」と「非作用」とに分けています。このようにすべての縁を「縁」と「非縁」に、あるいはすべての作用を「作用」と「非作用」に分ける方法は、『中論』ではしばしば見られます。ここにいう「非縁」とは宇宙における縁以外のものすべてという意味ではありません。すべての縁を分割した結果としての「縁」は実在の縁つまり存在が確立している縁を意味し、「非縁」とはその存在の影すらないまったくの非存在の縁のことです。ここで龍樹は縁という論議領域を補集合的に二分しているのです。同様に、作用が分割された結果である「作用」はその存在が確立している作用をいい、「非作用」とは作用の存在が確立されていない作用を意味します。「縁」の場合と同様に、作用が実在する作用と非実在の作用に分けられているのです。

「非縁」(a-pratyaya)という語が縁以外のすべてのものを指すと考えることは言葉の用法としては可能です。その場合には論議領域は宇宙(全世界)と考えられます。縁と非縁は宇宙を補集合的に分割した結果であると考えることは論理的に可能です。したがって、「縁以外のすべてのもの」というときには、猫とか犬さらには飛行機など、宇宙における「縁」以外のすべてのものが含まれます。くり返しますが、これは論議領域が一切すなわち宇宙である場合です。しかし、『中論』の議論にあって論議領域は「一切あるいは宇宙」ではないことが多いのです。今の論議では一切宇宙が論議領域となっているわけではなく、すべての縁が論議領域なのです。

猫や犬は「縁ではないもの」となることがあるではないかという反論があるかもしれません。むろん、そのような場合もあるでしょう。縁という論議領域の中に猫や犬が入る場合もあり、入らない場合もあります。猫や犬が論議の中で縁として考えられておれば、それらはその存在が認められている縁として扱われるでしょうし、その論議の中で縁として考えられていなければ、その猫や犬は縁以外のものとして扱われます。重要なのは論議領域が何かということです。

第二句の「作用は非縁を有するものでもない」という表現が『中論』の論議を分かりにくくしています。この命題の理解のためには命題の否定と名辞の否定の違いを知る必要があります。

この第二句は「作用は縁を有する」を意味しません。例えば日本語で「わたしは入場券を持っていないわけではない」というと、ほとんどの場合「入場券を持っている」ということになります。もっとも、日本語のみならず言語一般において二重否定が必ず肯定を意味するとはかぎりません。「わたしにお金がないわけではない」は「わたしにはお金がある」という意味にはなりません。つまり、「お金がない」と「お金がある」との中間を「お金がないわけではない」といっているのです。つまり、まったくないわけではないし、たくさんあるわけでもないという中間状態を二重否定で表わす場合があるのです。

しかし、『中論』においてそのような中間状態を示すような二重否定は用いられていません。さらに『中論』における空とは、生ずるのでもない、滅するのでもない、ただ存続はするというような中間的な第三の立場を肯定しているのでもありません。

ここで「縁を有するもの」（**pratyaya-vat**）あるいは「非縁を有するもの」（**apratyaya-vat**）という複合語の意味を考えてみましょう。「ア・プラトヤヤ・ヴァド」（**a-pratyaya-vat**　非縁を有するもの）の語頭の否定辞 **a-** は **vat**（持つもの）にはかかりません。つまり、この **a-** という否定辞は「プラトヤヤ・ヴァド」（**pratyayavat**　縁を有するもの）全体にかかるわけではないのです。もし **a-** という否定辞が「縁を有するもの」（**pratyayavat**）という語全体にかかるならば、「縁を有しないもの」（縁を有するものに非ざるもの）を意味することになりますが、その場合は、「非縁を有するもの」という意味にはなりません。世界あるいは一切を、縁を持つもの（有縁）と縁をもつものではないもの（非有縁）とに分割することは論理的には可能ですが、『中論』のこの偈における論議において、**a-** という否定辞は「プラトヤヤ・ヴァド」（**pratyayavat**）全体を否定しているのではなく、この語の部分である「プラトヤヤ」（**pratyaya**）のみを否定しているのです。

ここでは「縁」（pratyaya）という語の意味する論議領域全体が実在の縁と非実在の縁（非縁）（a-pratyaya）に分けられています。すなわち、分割を受けた第一の「縁」は実在の縁（bhūta-pratyaya）を意味し、第二の「非縁」（a-pratyaya）は非実在の縁（a-bhūta-pratyaya）を意味します。分割される前の「縁」と分割された後の「縁」は指し示している領域が異なるのです。このような操作は『中論』ではほとんどの章において行われています。

われわれは「アプラトヤヤ」（a-pratyaya）を「非縁」と訳しています。しかし、これはすでに述べたように「宇宙における縁ではないすべてのもの」を意味しません。第二句では縁を全論議領域と考えた上で、「実在する縁」と「実在しない縁」という補集合的な関係にある二者に分割されているのです。

第二句の内容を理解するための準備が終わりました。「作用は非縁を有するものでもない」という第二句における「非縁を有するもの」という表現を、「縁を有しないもの」の意味に取ることはできません。したがって、第二句は「作用は縁を有しないものでもない」を意味しません。第二句を「縁を有しないものではない」と書き換えて、「縁を有する」の意味に取ることはできないのです。「非縁」という時の「非」は「縁」という名辞を否定するのであり、「非縁を有するものでもない」という時の「ない」は「非縁を有するものである」という命題を否定しています。

第四偈前半では、作用に縁があるかどうかが問題となりました。後半では、前半と同様の方法によって、縁に作用があるかないかが問題になります。もし縁に作用があるならば、その作用は「実在の作用であるか」あるいは「非実在の作用であるか」に分けられます。次いで「非実在の作用があることはなく、実在の作用があることもない」と作用の存在が否定されています。

第五偈を見ましょう。

1・5　これらに依って生ずることのあるとき、
それらは縁といわれる。
それらがまだ生じないときには、
どうして非縁ではないのか。

この偈（頌）では、いろいろなものに依って何ものかが生じたとき、その依られた方のものは縁と呼ばれるのですが、まだ何ものも生じていないときには実在の縁は存在しない、と考えられます。この偈後半では「何ものも生じていないとき」に焦点が当てられています。ものがすでに生じ終わったときに縁（因）がないことは、第六偈など他の叙述から明らかです。第四句の「どうして非縁ではないのか」は「非縁である」を意味しています。この場合、「非縁」の「非」は「縁以外のもの」という意味ではなく、縁を実在のものと非実在のものに分けた上で、後者の「非実在」の側面を指しています。

第六偈に進みましょう。

1・6　存するものにも存しないものにも

縁はあり得ない。
どのような存しないものに縁があろうか。
また存するものにとって縁は何の必要があろう。

偈前半は「存するものにも縁はなく、存しないものにも縁はない」といい換えることができます。龍樹は「存在に縁のないこと」を論証するために、ものは存するものであるか、存しないものであるか、いずれかであると補集合的関係に分けた上で、まず「存するものに縁はない」と考えます。次に「存しないものにも縁はない」と述べた上で、彼は「いかなるものにも縁はない」と結論づけます。

第三句は「存しないものに縁はないこと」の理由を挙げています。どのようなものであれ、存しないものには縁はあり得ないというのです。第四句は、今すでに存在しているものにとっては縁は不要だと述べています。ものを「すでに存在しているもの」と「まだ存在していないもの」とに分けて考えた場合、すでに存在しているものは存在を確立させてしまっているのですから縁は不必要であり、今存在していないものにとっては、いまだ縁には働く余地がありません。それゆえに、「縁は存在しない」と龍樹はいうのです。

第二偈から第六偈までは縁一般の存在の否定について述べました。第七偈から第一〇偈までは第二偈にまとめて述べられていた四縁（因と条件）それぞれの存在を否定していきます。

四　第一の縁の否定

1・7　存するもの、存しないもの、存しかつ存しないものにとって
まだ生ずることのないとき、
そのようなときには　どのようにして
ものを生ぜしめる原因があり得ようか。

ここでは、四縁のうち、第一の縁、すなわち原因を否定していますが、ものを「存するもの」「存しないもの」および「存しかつ存しないもの」という三つの格に分けています。これは四句分別のはじめの三句（三格）に相当します。ものがまだ生じていないとき（第二格）には、存在していないのですから因として機能することはできません。因はものを生ぜしめるためのものであり、まだ生じていないものは因として働くことはないのです。

「存しかつ存しない」という第三格は、ここでは「存するものの領域と存しないものの領域との和」ではなく、矛盾を意味しています。存しかつ存しないものはないのですから、矛盾のケースとして処理されます。龍樹も第三格が矛盾であるゆえに、それ以上の考察は不要であると考えます。注釈家たちもそのように考えています。第一章第一偈の第三格の場合は、「自と他の和」と解釈して考察を進めましたが、これを自でありかつ同時に他であるものと取るならば、矛盾です。

龍樹のこの主張に対して、反対論者は「今、ものが生じていないとしても、そのものが生ずるために潜在的に因が存在しているのであり、生じていないものに因がないとはいえない。まだ生じていないからこそ因が働いてものが未来に生ずるのである」と反論します。このような反論に対してすでに龍樹は第五偈において、ものが生じていない時には、縁は非縁である、つまり、縁としての作用を持っていない、と答えていました。

五　第二の縁の否定

第八偈は第二の縁、つまり認識対象という条件の存在を否定しています。すでに述べたように、ここでは認識にとって対象は条件と考えられています。

1・8　このすでに存しているもの〔認識〕は
　認識対象を必要としないと反論者はいう。
　ものがもしも認識対象を有しないならば、
　どこに認識対象があるのか。

アビダルマ仏教では認識対象が縁あるいは条件となって認識が生ずると考えられていますが、この説に対する龍樹の批判が第八偈です。第一句に「すでに存しているもの〔認識〕」とありますが、これは龍樹自身が認めていることではありません。第八偈前半は龍樹自身の考えではなく、アビダルマ仏教の教説ではこのように反論されている（kila）、と龍樹が述べているのです。「すでに存しているもの、すなわち認識は認識対象を必要としない」と反論者はいうのですが、龍樹はそれを受けて、そうであるならば認識対象という縁も不必要となろう、と答えます。

六　第三の縁の否定

第九偈は第三の縁（因）の存在を否定します。

1・9　もろもろのものが生じないときには、
　滅することはあり得ない。
　それゆえ、直前の瞬間の存在はあり得ない。
　滅してしまったときにどのような縁があろうか。

第九偈の論法は第八偈のそれと同様です。「もろもろのものが生じないときには、滅することはあり得ない」とは、生じていないものに滅することはない、を意味します。滅するためにはまず生ずることが必要だという前提があるのです。「もろもろのものが生じないときには」は、「もろもろのものが生じていないから」と訳すことも可能です。

第八偈は第二の縁の存在を否定し、第九偈は第三の縁の存在を否定しています。第八偈で「すでに存しているもの」と述べ、第九偈で生じていないもの、つまり存していないものについて述べることによって、この二偈で現在の因と過去の因について言及しています。

一般に仏教では、ものが瞬間ごとに生まれそして滅んでいると考えられています。したがって、直前の瞬間は次の瞬間の生ずる条件つまり第三の縁である、とアビダルマ仏教では考えられています。しかし、龍樹は、滅したものはすでに存在しないゆえに直前の瞬間（等無間縁）はない、と主張します。その理由として、第四句が「滅してしまったときにどのような縁があろうか」と述べているのです。龍樹は、偈前半ではものが生じていないときには滅することはないと主張し、後半では滅してしまったときにはどのような縁があるかと反論者に対して述べています。

第九偈第二句は「滅することはあり得ない」と述べ、もしも滅してしまったならば、という場合に関しては第四句が言及しています。もしも「滅することはあるのではないか」と反対論者が主張したときには、龍樹は、ものが滅してしまった場合には「縁はない」と答えています。この偈では「ものは滅することはない」と「滅してしまった場合には縁はない」という二つの側面が提示されています。ようするに、ものが滅することはないゆえに第三の縁はなく、滅してしまった場合でもその縁はないというのです。第九偈でも龍樹は一種の補集合的分割を行っています。「滅することはない場合」と「もしも滅してしまったとき」への分割です。

『中論』のサンスクリット・テキストは八音節から成る四つのパーダ（句）で構成されたシュローカと呼ばれる韻文によって著されています。この形式は『マハーバーラタ』や『ラーマーヤナ』などの叙事詩のほとんどの部分に使用されています。ヴェーダ文献を除くインドの古典サンスクリット文献ではこのシュローカ形式が最も一般的なものです。一つのシュローカに含まれる四句がそれぞれまとまった意味を持っている場合がほとんどです。ときには、第四句から第一句の方に戻らないと意味が分からないという場合もありますが、順に読み進めて意味が通ずる場合が多いのです。したがって、シュローカで著されたサンスクリット・テキストを読む場合には、一つ一つの句でおおよそのまとまった意味を理解し、前から順に訳していくという方法が望まれます。本書では『中論』のテキストの各句をできるかぎり四行に訳すようにしています。

七　第四の縁の否定

第一〇偈は、第四の縁を否定していると考えられます。

1・10　無自体であるもろもろのものは
存在しないゆえに、
あれがあればこれがある
ということはあり得ない。

もろもろのものは自体（svabhāva　自性）を欠いている。そのような自体なきものは存在しない。

それゆえ、あれがあればこれが生ずるということはあり得ない、というのがこの偈の意味です。「あれがあればこれがある」という第三句は古来有名な表現です。初期仏教経典の中で「縁起」にかんして説明する多くの箇所において同様の表現が見られます。龍樹はそれらを踏まえていると思われます。『中論』第二六章に見られるように、龍樹は、無明（迷い）によって行（勢い、慣性）があり、行によって識（心的作用）があるといった伝統的な十二縁起の考え方をも受け継いでいます。第二六章は十二縁起の説明に当てられており、そこで龍樹は伝統的な十二縁起説を否定しているわけではありません。もっとも、後の第二六章の考察において述べますが、これは龍樹がアビダルマ仏教の説をそのままに引用しているのではなくて、空性に接した言葉が「仮説」としてよみがえったすがたを示していると思われます。

第一〇偈における要点は、ものは無自体であるということです。ここで「無自体」と訳していますが、これは一般には「無自性」と訳されています。この語のサンスクリット「ニヒスヴァバーヴァ」（niḥsvabhāva）がどのような意味であるのかは、空思想がどのようなものであるのかというに等しいほど重要なことです。龍樹の真作と考えられている『論争の超越』（ヴィグラハヴャーヴァルタニー廻諍論《えじょうろん》）のはじめの方には「一切のものは無自性であるゆえに、空である」とあります［Bhattacharya, Johnston and Kunst 1978: 43］。ここでは無自性であることが空であることの理由となっています。「ニヒスヴァバーヴァ」という所有複合語の意味は「無自性なる何ものか」（自性のないあるもの）、であり、この語は常にこれが修飾する語を想定しています。したがって、それが修飾する語の性、数、格に自らの語尾を一致させます。自性を欠いていること（無自性性）を意味する抽象名詞ではないのです。

第一〇偈では、文字通りには「無自体であるもろもろのものに存在性はない」、つまり「存在しない」と述べられています。もろもろのものに自体がないゆえに存在しないということは、もろもろのものは空であるということです。また、先述のように、龍樹は「もろもろのものは自性を欠くゆえに、空である」といっていますが、「空であるから自性を欠く（無自性である）」とはいっていません。

「スヴァ・バーヴァ」は一般には「自性」と訳されてきました。本書においてもこの訳語を用いることもありますが、『中論』においては「自体」という訳語の方が適切と思われる箇所もあります。『中論』においてはしばしば「スヴァ・バーヴァ」はそれ自体という意味であり、反対論者の考え方を引用する場合を除いて、ある基体に存する特殊な性質という意味ではありません。このことに関しては、すでに第三偈を説明する際に述べましたが、第一五章訳において改めて考察する予定です。

「無自性」とは、自性のないことではなくて、自性のない何ものかを意味することはすでに述べました。「もろもろのものは無自性である」とは「もろもろのものに自性がない」といい換えることができます。このように「無自性」という表現は、常にある容器あるいは基体に自性あるいは自体が欠けていることを意味します。

『中論』における「スヴァ・バーヴァ」とその容器あるいは基体との関係を考えましょう。ここにお酒の入った徳利があると思ってください。誰かが「徳利が空だ」といったとしましょう。その人は、徳利にお酒が入っていないといっているのであって、徳利がない、といっているわけではありません。「お腹がすいた」「お腹が空っぽだ」というときに、「お腹がない」を意味しないのと同じです。元来、

「空」とは「中に何も詰まっていないこと」あるいは「中が空っぽであること」をいいます。「天空」も中に何もなく、向こうが透けて見えるから「空」なのです。

徳利とお酒の話に戻ります。お酒がなくなってしまっても、徳利はあります。ある性質がなくなっても、それを入れている器あるいはその性質が存在する場（基体）は存在する、というような器が空っぽの状態を『中論』が「無自性なもの」と呼んでいるのではありません。仏教の「空」とは、お酒はむろんなく、徳利もないような状態を考えているのです。そのような状態を考える際には、お酒の容器として陶器の徳利ではなく、かぎりなく薄い膜の「徳利」あるいは容器を考える必要があります。お酒がなくなったとき、その器もなくなるような「ごく薄い膜でできた」器を考えてください。龍樹はそのような容器の中のお酒を「自体」と呼んでいるのです。お酒がなくなれば器もなくなるようなあり方を想定しているのです。第一偈に「自からも、他からも生じない」とあります。この場合の自（sva-）も自体（svabhāva）と同じ意味です。

ニヤーヤ学派、ヴァイシェーシカ学派などのヒンドゥー教の哲学では、この「スヴァ・バーヴァ」という概念はほとんど用いられません。「スヴァ・バーヴァ」には、特定の性質という意味と自身という意味がありますが、このような「あいまい」な概念をニヤーヤ、ヴァイシェーシカのような論理学を重視した実在論哲学において使った場合にはシステムに混乱が起きるでしょうし、使う必要がないのです。

第一〇偈後半で龍樹は初期仏教経典における伝統的縁起説を批判しています。アビダルマ仏教にあっては「ものは原因と結果の因果関係によって生じ、それが縁起といわれる」と考えられます。龍樹は、縁（因）と結果を考察する第一章において、「原因が条件を伴い、結果を生ずる」というように原因と結果によってものを考えるということは、究極的な意味では正しくないと主張します。

第一〇偈の前半に述べられる「無自体であるものは存在しない」という考え方が龍樹の思想の根本ですが、龍樹は、自性（あるいは自体）が存在してはじめて原因、結果が成立するのであって、真実には自性（自体）は存在しない。それゆえ、原因も結果も存在しないと考えます。第一〇偈は第四の縁の否定に当てられてはいるのですが、同時に第九偈までの議論を踏まえて結論を出しています。第一〇偈は龍樹の思想の根幹を示しています。

第一一から一四偈は、結果および原因との関係の考察です。これまで龍樹は、縁あるいは因の問題を取りあげており、結果については述べていませんでした。

八　結果の否定

第一一偈は原因と結果の関係についての考察の導入部です。

1・11　個々の縁にも集合的な縁にも
　　その結果はない。
　　諸縁の中に存しないものが
　　どうして諸縁から生じようか。

ここでも縁が補集合的な関係によって分割されています。これまでは、ものが「存在するもの」と「非存在のもの」という補集合的な関係に分けられていましたが、ここでは縁が個々のものと集合的なものとに分けられています。一つ一つの縁の中にも集合的に見られた諸縁の中にも結果はないというのです。第一一偈前半で得られた結論を踏まえて後半が述べられます。「縁の中にないものがどうして結果として生じようか」というのが第一一偈後半の主張です。

次には反対論者からの反論を予想して第一二偈が述べられます。

1・12　もしかの存しないものが
　　これらの縁から生ずるならば、
　　結果がもろもろの非縁からも
　　生ずることになろう。

「存しないものが縁から生ずる」という反論を批判するための準備として龍樹は縁を能力のある縁と能力のない非縁に分けます。「能力のある縁」とは、ものを生ぜしめることのできる「実在の縁」を指しています。「非縁」とは、これまでにも見たように、縁以外のものという意味ではなく、縁の力のない「非実在の縁」という意味です。「もろもろの非縁からも生ずることになろう」という場合の「非縁」は縁以外のものという意味ではありません。あくまで論議領域としての縁の中の能力のない縁を指しています。

第一三偈を見ましょう。インドの哲学には、因の中にすでに果が含まれているという因中有果論と、因の中には果がないという因中無果論という二つの考え方があります。第一一偈と第一二偈は因中有果論を批判していました。次の第一三偈も因中有果論を批判しています。

1・13　結果は縁より成り、
諸縁は非自（他）から成る。
非自より成るものから生じた結果が
どうして縁より成るのか。

ここでの龍樹の論法はすこしばかり複雑です。第一句「結果は縁より成り」は、一般的に考えるならば、問題はないでしょう。縁（因）がより合って結果が生まれるというかぎりにおいては、因中有果論の匂いがします。

結果が縁つまり因から成るとはいえ、結果は因そのものではありません。結果にとって因はやはり自ではないもの（非自）、つまり他です。したがって、第二句にいうように、諸縁（因）は自身以外のものを生むように働くゆえに、非自（他）より成り立っているといえます。ここまでの論議において龍樹は、結果は縁より成るのではあるが、その縁は非自より成るものでもある、というところまで議論を進めてきました。結果は自らの中にあった縁（因）より成っている、という側面を肯定しながらも、縁は非自より成るという別の側面を浮き上がらせたのです。この後者の側面を用いて、龍樹は結果は結局は縁より成っていないと偈後半において主張します。
第二句にあるように、縁は非自より成る、といえます。それでは、自とは無関係のものから成る結果が、どのようにして「結果を生む力を有する縁より成る」といえるのかと龍樹は反論します。ここで「結果を生む力」とは自の中に存した力を指しています。ようするに、龍樹は、自とは無関係の結果がどうして自より生まれるのかというのです。ここでも龍樹特有の論法が見られます。すなわち、一切を自と非自（他）に分割した上で、一つのもの、例えば結果が自と関係する側面と他と関係する側面との両面を有していることに目を付け、自と他の矛盾関係を利用して「結果」という概念に存する矛盾と思われる側面を突いているのです。
次の第一四偈は第一章最後の偈であり、第一章の結論です。

1・14 ゆえに結果は縁より成るものではなく、
非縁より成るものでもない。
結果は存しないゆえに、
どこに縁と非縁があろうか。

第一四偈は、結果と縁の関係をまとめて述べています。「ゆえに結果は縁より成るものではなく」という第一句は、直前の第一三偈を踏まえています。第二句「非縁より成るものでもない」とは、非縁は縁としての力のないものですから、結果というものを生ぜしめる力もない。このような理由によって、縁も非縁もないと述べているのです。反対論者を引き回した結果、最後には縁も非縁もないという結論へと導いていきます。

龍樹の主張の要点は、縁（因）と結果という二つの概念を用いたときには、必ず矛盾に陥らざるを得ないということです。縁（因）と結果がそれぞれ異なるものとして存在するという前提に立っている以上、陥らざるを得ない矛盾であるというのです。これは『中論』第一章の結論ですが、他の諸章における龍樹の主張でもあります。

第二章　運動の考察――歩く人と歩くこと――

一　歩くことと場所

『中論』第二章は、運動について考察しています。この章において龍樹が主張しようとしているのは、世の中において運動というものは存在しないということです。

一般に運動が成立するためには次の三つの要素が必要であると考えられています。『中論』もまた、最終的には運動の存在を認めないのですが、とりあえず考察を始めるにあたって運動をそのような三要素の観点から考えます。すなわち、

(一) 運動する主体、つまり運動する人間あるいは行為者
(二) 運動あるいは行為という作用
(三) 運動が行われる空間、場所

という三要素が考えられています。

第二章第一偈において、龍樹は運動の行われる空間（あるいは場所）と運動との関係を考察します。運動の行為者、例えば、歩く人は第二章の中では第六偈にはじめて言及されており、第一偈から第五

偈までは、歩く人、つまり運動の行為者についての言及はありません。第二章第六偈から行為者に対する考察がはじまります。第六偈から第一一偈までが一つのまとまった論議であり、行為者と行為との関係が考察されます。

第二章には二五偈ありますが、第五偈までの論議が特に重要です。第一偈の論議と第三偈から第五偈までの論議が『中論』における論議の二つの典型を示しているからです。

第一偈から第五偈までにかんしてはサンスクリットのテキストを挙げることにします。龍樹は『中論』の議論にあっていかなる言葉すなわち文章（命題）も成り立たないことを彼特有の論法によって証明しようとします。その際、サンスクリットの文章のシンタックス（統語法）が問題になりますので、第五偈までのサンスクリット（ドゥ・ヨング版）を挙げることにします。第一偈は次のようです。

2・1　gataṃ na gamyate tāvad
agataṃ naiva gamyate/
gata-agata-vinirmuktaṃ
gamyamānaṃ na gamyate//

2・1　まず已に歩かれたところは歩かれない。
まだ歩かれないところは歩かれない。
已に歩かれたところとまだ歩かれていないところを離れた

今歩かれつつあるところは歩かれない。

この第一偈において龍樹は、いかなる場所にも歩くという作用、あるいは行くという行為は存在しないと主張します。この訳では「ガム」（√gam　行く）という動詞の訳語として「歩く」という語が用いられています。なぜ「行く」あるいは伝統的な漢訳である「去」という語を使わないのかについては後で説明します。中国あるいは日本において『中論』といえば、伝統的に青目注の羅什訳を指しますが、この羅什訳では、

已去にあることなく　未去にまた去なし（已去無有去　未去亦無去）
已去と未去を離れて　去時に去なし（離已去未去　去時亦無去）

とあります。「已去」とはサンスクリットの「ガタ」（gata）の訳です。「未去」は「アガタ」（agata）、「去時」は「ガムヤマーナ」（gamyamāna）の訳です。この第一偈において動詞「ガム」（√gam）は、行くとか歩くという意味の自動詞ではなくて、「〔道を〕踏み歩く」という意味の他動詞に使われています。

したがって、ここで「ガタ」は踏み歩かれたところを意味し、「アガタ」は、まだ踏み歩かれていないところを指します。「ガムヤマーナ」は受動形の現在分詞であり、踏み歩かれつつあるところを意味します。「ヤ」は受動形を作る詞です。

羅什は第三要素の「運動が行われる空間、場所」を時の観点から理解します。羅什訳の「已去に去あることなく」とは、「已に過ぎてしまった時間（過去の時間）において、今去る（行く）動作はな

い」を意味します。羅什の訳の場合のように、「ガタ」を受動の意味で訳さない例は、チベット仏教のツォンカパの『中論』注にも見られます。ツォンカパの注では、已に行ってしまった状態（lam）という意味に取っています。已に行為が行われてしまった状態には行くことはないとツォンカパは理解しています。チベット語の「ラム」（lam）には道という意味もありますが、ツォンカパが「ガタ」（gata）を「行為が已に滅してしまった状態」（lam gyi rnam pa 'gro ba'i bya ba dgags pa）［Tsong kha pa 1973:92］と理解したとき、「ラム」に「踏み歩かれた場所」というような意味を持たせていたとは思えません。

また、中国語の「去」は他動詞には用いられません。「已去」という漢訳は、已に行ってしまった状態、行ってしまったことを指しますが、已に踏み歩かれてしまった場所を指すことはできません。「ガタ」（gata）および「アガタ」（agata）というサンスクリット単語はこれまでさまざまに訳されてきました。［奥住　一九八八：一六五］には「已に去られているもの」とあり、gata が過去受動分詞であることを表しています。［平川　一九六八：三六〇］には「已に行った者」とあり、［中村　一九八〇：二六九］には「已に去ったもの」とあり、［三枝　一九八四：一一七］には「已に去った〔もの〕」とありますが、これらの三つの訳では gata が動作を受ける場所であることは表現されていません。［宇井　一九二〇：一八］では「已に去つたといふ状態」とあり、［渡辺　一九八三：一一］には「已に去って行ったところ」とあります。

われわれは「ガタ」「アガタ」等を「歩く」という動詞を使って訳すことにします。「歩く」という語は、「距離を歩く」とか「道路を歩く」というように使うことができます。しかし、「歩かれた」とはいささか不自然な表現です。だからといって、「去られた」と訳すことも今述べた理由によって適当ではありません。『中論』のこの箇所における「ガタ」「アガタ」等はそこで動作が行われる場所あるいは空間を指しているのです。七世紀頃の注釈家月称の注釈書（月称注）『明らかな言葉』（プラサンナ・パダー）には、人が歩くときの足の裏は地面を踏むのであるが、その場合、「踏み歩かれつつあるところ」というのはどこを指すのか、というような議論がなされています（プサン版、九三頁）［立川 一九八八：一九八～一九九］。つまり、月称は明らかに「ガタ」に対し踏み歩く地面や距離を想定しています。例えば、わたしが家から大学まで行くとき、まず家から出て地下鉄の駅まで行きます。自宅から地下鉄までの道が、わたしによって踏み歩かれています。この空間あるいは距離を「ガタ」と呼びます。「アガタ」とは、まだ踏み歩かれていないところ（空間あるいは距離）、すなわち地下鉄から大学までの距離のことです。

「アガタ」（非ガタ）とは文字通りには「ガタ以外のもの」を意味すると考えられますから、「アガタ」は地下鉄から大学までの距離より他のところ、例えば、地球から月までの「まだ踏み歩かれていないところ」も意味すると考える人がいるかもしれません。しかし、この場合「アガタ」は、全宇宙における「ガタ以外のすべてのところ」を意味するわけではありません。ここで問題となっている論議領域のすべては、わたしの家から大学までの距離のように、限定された意味での距離なのです。このような距離が、已に踏み歩かれた部分、まだ踏み歩かれていない部分および現在踏み歩かれつつある部分の三つに分けられているのです。

もしも「アガタ」という語が全宇宙の中の「ガタ」以外のものを意味するのであれば、わたしの記

gata＝踏み歩かれたところ
agata＝まだ踏み歩かれていないところ
gamyamāna＝踏み歩かれつつあるところ
gantavya（踏み歩かれるべき場所）＝全論議領

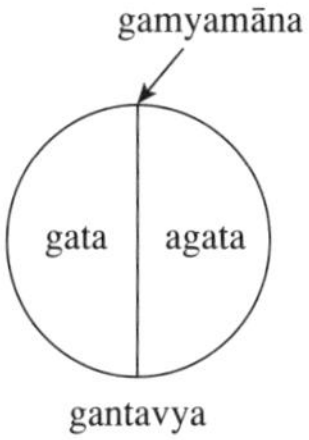

図２・１　gantavya（踏み歩かれるべき場所）の分割

憶とか、猫とか、貨幣などを含むことになります。「記憶も猫もまだ踏み歩かれていないのであるから、「アガタ」と呼んでいいのではないか」と考える人がいるでしょう。しかし、『中論』のなかの議論を見れば分かることなのですが、そのようなものがここで踏み歩かれる場として問題になっているわけではありません。

「ガタ」、「アガタ」および「ガムヤマーナ」の三つを合わせて『中論』第二章第二五偈では「ガンタヴヤ」（踏み歩かれるべき場所 **gantavya**）と呼んでいます。踏み歩かれるべき距離あるいは場所を「ガタ」と「アガタ」と「ガムヤマーナ」、すなわち、運動が已に起きた場と、まだ運動が起きていない場と、現在運動が起きつつある場の三つに分けているのです。もっとも第一偈においては現在にたいして「幅」が与えられていません。

今、一つの円を描いてこれらの三つの領域の関係を考えてみます（図2・1参照）。「ガタ」が向かって左の半円と考え、右の半円を「アガタ」と考えます。この二つの半円が合わされば、一つの円、すなわち、すべての「ガンタヴヤ」（踏み歩かれるべき場所）になりますから、現在歩かれつつあるところ（ガムヤマーナ）は存在しません。現在の時のためのスペースは残されていないのです。ここでは、時間が空間的に表象されて、その疑似空間は「ガタ」と「アガタ」によって補集合的に分割されています。

この種の分割は『中論』第一章第一偈においても見られました。そこでは、もろもろのものが「自から生ずるか、他（非自）から生ずるか、共（自および非自）から生ずるか、無因（自でもない領域および非自でもない領域）から生ずるか」の四つのケースが挙げられていました。第二章第一偈においては、第一章第一偈における四つのケースの内の第三ケースが欠けていますが、同種の分割です。後に『中論』における四句分別の考察をしますが、今述べた四つのケースが四句分別の一例です。第二章第一偈における三つのケース（格）は四つが揃っていないという意味で「不完全な四句分別」といえます。

『中論』の論理を理解するための方法として『中論』の議論の内容を記号式で表現し、その論理構造を見ていくことにします。今、第一偈第一句「歩かれたところは歩かれない」（**gataṃ na gamyate**）を「～（**Anom Yv**）」と表すことにしましょう。「～」は命題の否定を表します。**Anom** はAすなわち **gata** という主語が主格（**nominative**）であることを表し、**Yv** は、Yすなわち**√gam** という動詞（v）の第三人称、単数、受動形 **gamyate** を表すことにします。この様式に従うならば、第一偈第二句である「まだ歩かれていないところは歩かれない」（**agataṃ na gamyate**）は「～（**Ãnom Yv**）」と表すことができます。Ãは、**agata** つまり **gata** に否定辞 **a-** が付いた語を表します。

このような式が『中論』の論議の理解のためにどのような意味を持つかは、もう少し後に説明します。今のところは、「～（**Anom Yv**）」に用いられている記号「～」は命題（**Anom Yv**）を否定しますが、「～（**Ãnom Yv**）」に用いられているÃは、Aという名辞の否定を意味することを確認するに留めたいと思います。

第一偈の内容は、しばしばエレアのゼノンのパラドックス、つまり「飛ぶ矢は飛ばない」と比較されます。「飛ぶ矢は飛ばない」とは、飛んでいる矢を考え、飛んでいる瞬間を細かく刻んでいった場合、その細かく刻まれたところで運動は止まっているのではないか、つまり、「飛んでいる」と言葉では表現したとしても、本当は飛んでいないのではないかというのです。これがゼノンのパラドックスといわれているものです。

しかし、これはパラドックスというほどのことではありません。距離や時間をいかに細かく刻もうとも、そこにはかならず「幅」があるのです。したがって、矢はどの時点においても止まってはいません。それをはっきりさせたのが、ドイツのライプニッツです。$y=x^2$という関数を考えてみましょう。yの微分係数は$2x$です。つまり、幅のほとんどないようなところを取りあげたとしても、そのところは2という傾きを持っているのです。傾きを持っているということは、動いていることを意味します。

『中論』第二章第一偈の論議はゼノンのパラドックスとは本質的に違います。第二章第一偈では、時間が空間的に表象されています。すなわち、時間を過去と非過去という補集合的関係のものに二分しています。ここで非過去は未来といってもよいでしょう。現在時に対しては「幅」は与えられていません。したがって、第二章第一偈において「踏み歩かれつつあるところは歩かれない」という場合の「踏み歩かれつつあるところ」には、もともと運動が可能となるような空間も時間も想定されていないのです。図2・1に見るように、過去と非過去としての未来を合わせれば、ここで扱われている時間のすべて、つまり論議領域のすべてになります。時間というものを空間的に表象できるのだという前提に基づいた議論です。

第二章では『中論』における論議の典型的モデルが語られます。第二章第一偈の論議は、『中論』のいくつかの章でくり返されます（『中論』三・三、七・一四、一〇・三、一六・七参照）。また、第三偈から第五偈までの論議も『中論』の論議の基本形です。

第二章第一偈第一句のサンスクリットは「ガタム　ナ　ガムヤテー」（gataṃ na gamyate）です。これは「已に踏み歩かれたところ（ガタム）は、今踏み歩かれる（ガムヤテー）ことはない（ナ）」を意味します。ここの「ガムヤテー」（gamyate）は、√gam という動詞の三人称単数形、受動形です。サンスクリットでは他動詞のみならず自動詞でも非人称的に用いることができます。例えば、「サリトー　ヴァハンティ」（sarito vahanti　もろもろの川は流れる）は意味を変えることなく、受動非人称的な表現である「サリドビル　ウフヤテー」（saridbhir uhyate）といい換えることが可能です。このいい換えられた文章を「もろもろの川によって〔水が〕流される」というように訳すのはいささかぎこちないことです。

『中論』第二章第一偈の場合の「ガムヤテー」（gamyate）も非人称的に用いられた自動詞ではないかと考える人がいますが、そうではありません。この問題にここではこれ以上立ち入りませんが、この種の受動形を用いた表現は『中論』においてしばしば見られます。

さて、第一偈の論議の論理の考察に進みましょう。「已に歩かれたところは、今歩かれることはない」という第一句は、「まだ歩かれていないところが歩かれる」を含意しません。

これを先ほどの式を用いて表現するならば、

~（Anom Yv）は（Ãnom Yv）を含意しない、と書き表すことができます。すなわち、次のような式が得られます。A∪BはAならばBである、を意味します。

~{~（Anom Yv）⊃（Ãnom Yv）}

もっとも今の場合、もし「踏み歩くことが世の中に存する」という前提があれば、「まだ歩かれていないところが歩かれる」を含意します。先ほどの図2・1の円を思い出してください。「ガタ」を意味する左の半円と、「アガタ」を意味する右の半円が合わされば、一つの円となります。この円は全論議領域を表していました。ところで、已に踏み歩かれていないところはもはや踏み歩かれることはありません。ならば、踏み歩かれていないところは歩かれるのではないか、と考えられるかもしれません。しかし、そのように考えるのは論理的に正しくありません。世の中に踏み歩くことが存在するという前提があれば、「ガタ」にないときには「アガタ」にあることとなります。しかし、ここで龍樹は、歩くことが今の論議領域において存在するという前提に立っていません。踏み歩く動作はガタになく、アガタにもないゆえに、すべてのガンタヴヤ（踏み歩かれる場）に存在しないと主張しているのです。

例えば、今、プールに男性は泳いでいない、という状況があるとします。しかし、だからといって女性が泳いでいるとはいえません。人間が泳いでいるという前提があり、さらに人間が男性と女性に補集合的に分かれるという前提があってはじめて誰かが泳いでいるといえます。誰かが泳いでおり、男性は泳いでいないということがはっきりしておれば、女性が泳いでいると結論できます。

また「雌犬が泳いでいる。人間の女性と話を限っているわけではない。雌の猿も泳ぐのだ」という人がいるかもしれません。しかし、今は人間という論議領域を問題にしているのであって、犬や猿を含んだ論議領域が考えられているのではありません。『中論』第二章第一偈の「アガタ」は、ある者が家を出て地下鉄の駅まで歩き、地下鉄に乗って大学まで行く場合のような道路あるいは距離を指しているのであって、道路以外の問題、例えばわたしの記憶とか、人が考えているイメージなどを含んでいるわけではないのです。このことは他の章における議論から明らかとなるでしょう。

再度「プール」に話を戻します。人間は、男性と女性に二分されますが、すでに述べたように、プールに男性がいないからといって女性が泳いでいるとはかぎりません。誰も泳いでいないかもしれないのです。龍樹がいわんとしているのはまさにこのことです。誰も泳いでいないと主張しているのです。このような論法によって龍樹は『中論』においてあらゆるものが存在しない、すなわち、空である、と主張します。もっとも龍樹は空に接した後、言葉は蘇る（仮説）のであると考えており、虚無主義に堕するのではありません。このことは後の議論で明らかとなります。

反対論者は第二偈において、歩くことあるいは運動がある、と考えています。ほとんどの人は歩くことや運動が世の中にあることを認めています。そういった世間的な認識があることは事実です。反対論者は「もしも已に踏み歩かれたところやまだ踏み歩かれていないところにおいて歩くことがないとあなた（龍樹）がいうのならば、一応その主張は認めることにしよう。しかし、今、現に踏み歩かれつつある道には歩くことが存する」と反論します。

2・2　ceṣṭā yatra gatis tatra
gamyamāne ca sā yataḥ/
na gate nāgate ceṣṭā
gamyamāne gatis tataḥ //

2・2　運動のあるところに歩くことがある。
なぜならば、それは歩かれつつあるところにあるから。
運動は、已に歩かれたところにはなく、まだ歩かれていないところにもない。
ゆえに、歩かれつつあるところに歩くことがある。

反対論者は主張します。われわれは運動というものを目の前で見ることができる。運動が行われているところ、つまり誰かが歩いているところ、あるいは物が動いたり、移動したりしているところに、歩くことがある。あなた、龍樹がいうように已に踏み歩かれたところにもなく、これから踏み歩くところ、つまりまだ歩いていないところにも運動はないかもしれない。しかし、実際われわれは目の前で踏み歩かれつつあるところに運動があるのを実際に見ているではないか。

龍樹が答えます。「わたしは第一偈の議論において歩かれるところを過去と現在と未来の時間の観点から分けて現在には幅を考えていなかったが、あなたは現在、踏み歩かれつつある場に動作があるという。百歩譲って現在、動作の行われているところ、つまり今踏み歩かれつつあるところに幅あるいは空間があると考えてみよう。すなわち道を「ガムヤマーナ」（踏み歩かれつつあるところ　gamyamāna）と「ア・ガムヤマーナ」（踏み歩かれつつあるところではないところ　a-gamyamāna）とに分けてみよう。その場合は「ガムヤマーナ」にたいして運動が可能になるような幅あるいは空間を与えることになる」と。

第二偈において反対論者は、運動は已に歩かれたところにはない、まだ歩かれていないところにもない、それゆえ、歩かれつつあるところに歩くことがあるのだと主張します。踏み歩かれつつあるところにある程度の幅を許してはどうかと反対論者はいうのです。龍樹はその反論に対して第三偈以下において、反対論者のいうように、歩かれつつあるところが仮に存在するための「幅」があると考えてみようとします。運動のある空間あるいは距離が、現在と非現在の観点から分割されているのです。『中論』においては「ア・ガムヤマーナ」（a-gamyamāna　踏み歩かれつつあるところではないところ）という語は見られませんが、そこ、つまり踏み歩かれつつあるところではないところに歩くことが存在しないことは当然であり、論ずるまでもないというのが龍樹の考え方であると思われます。

次の第三～五偈は、一続きの議論を示しています。すでに述べたように、この議論は『中論』の議論の一典型です。主語と述語によって構成される命題が究極的な意味では成立しないことを説明することが『中論』における論議の中心的テーマですが、この第三～五偈の論議はまさにその証明に充てられているのです。

第三偈において龍樹は、反対論者の「歩かれつつあるところに歩くことがある」という反論に答えます。

2・3　gamyamānasya gamanaṃ
kathaṃ nāma #upapadyate/　（#印はこの部分のサンスクリットが音便規則に従っていないことを示す。）
gamyamānaṃ vigamanaṃ
yadā na# eva# upapadyate//

2・3　歩かれつつあるところに歩くことがあるとは、
どうしてあり得ようか。
歩くことを離れた
歩かれつつあるところはあり得ないゆえに。

第三偈前半において龍樹は、「歩かれつつあるところに歩くことがある」と第二偈における反対論者の主張をまずくり返しておいて、それを第三偈後半において否定します。「歩かれつつあるところに歩くことがある」とは、この表現がいささか不自然であることを別にするならば、常識的には正し

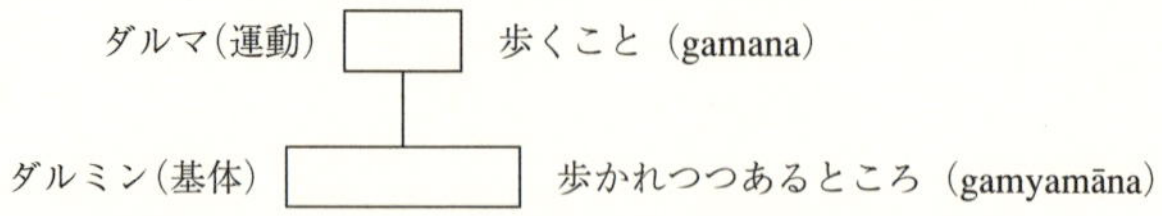

図2・2　歩くことと歩かれつつあるところとの関係

いことと思われるかもしれません。しかし、まさにこの表現の不自然さに問題が潜んでいるのです。その不自然さにかんする考察は後に行うことにして、まず「歩かれつつあるところに歩くことがある」という表現の意味をより明解に理解するために、次のような図（図2・2）を描くことにします。

図2・2におけるように、歩かれつつあるところを一つの長方形によって表し、基体としての歩かれつつあるところの上に存すると考えられる歩くことをもう一つの長方形によって表します。この二つの長方形を上下に書き、二つの長方形を一本の直線によって結びます。上の長方形は歩くこと、下の長方形は歩かれつつあるところを示しています。直線で結ばれているのは、上の長方形の意味する歩くことが、下の長方形が意味する歩かれつつあるところに存することを示します。このように図示すれば、歩くことがダルマ（法、属性）であり、歩かれつつあるところがダルミン（有法、基体）であることをより明確に表すことができます。歩かれつつあるところは歩くことの基体です。歩くことは基体の上に存するものとしての運動です。

もっともこのようなダルマ（法）とダルミン（有法）の考え方は、いわゆるインド型実在論の学説によるものであって龍樹自身が認めるものではありません。今、龍樹は反対論者の考え方によりそって論議を進めているのです。インド型実在論とインド型唯名論の違いにかんしては、［立川　一九九二：一〇二］、［立川　二〇〇三：四一］等を参照されたい。

第三偈第三句の「歩くことを離れた」とは、ダルミン（基体）である歩かれつつあるところに歩くことがないことを意味します。反対論者は「歩かれつつあるところに歩くことがある」と主張します。それに対して、龍樹は、「インド型実在論的立場においては、歩かれつつあるところに歩くことがあると考えられるゆえに、歩かれつつあるところそのものには歩くことがないことになる」と主張します。

インド型実在論的立場では図2・2に見るように、歩くことと歩かれつつあるところが元来別のものだと考えられていますが、龍樹はこのことを逆手にとります。この実在論によれば、歩かれつつある場所は実在であり、歩くことは運動であり、さらに、実在という基体の上に異なった実在するキャテゴリーである運動が存するとき、「歩かれつつある場所に歩くことがある」のです。

実在論の立場に立つ反対論者は歩かれつつあるところ（下の長方形）と歩くこと（上の長方形）は別個のものだと考えます。それに対し龍樹は、図2・2における下の長方形つまり歩かれつつあるところそのものに歩くことが欠けることになると主張します。今、上の長方形が指し示す歩くことが、まず存在するとすれば、次には下の長方形が示す「歩かれつつあるところ」そのものに必要な歩くことが不足すると龍樹は実在論者に対して指摘します。つまり、歩かれつつあるところに歩くことがあるためには、上の長方形の示す歩くことの他に、下の長方形の示す歩かれつつあるところ自体も歩くことが具わっていなければならないというのです。「歩くことを離れた歩かれつつあるところ」とは、龍樹によれば「歩かれつつあるところ」と呼ぶことができないものです。

ところで、ここでの龍樹の論法と反対論者のそれとの間には、微妙ですが決定的な違いがあります。

反対論者は「道に歩くことがある」と主張しているのであって、「歩かれつつあるところ（道）に歩くことがある」と主張しているわけではありません。一方、龍樹は「道に歩くことがある」という命題を考察の対象とはせず、「歩かれつつあるところに歩くことがある」というような不自然な命題を持ち出しています。

ここに龍樹の論議の「からくり」があるのです。「からくり」という表現が不適切であるならば、特質があるといえましょう。なぜ龍樹がそのような不自然な命題を論議の対象とするのかについては後に説明しますが、その前にわれわれは龍樹の言語に対する基本的な態度について考えておかねばなりません。

『中論』において龍樹は、意味あるいは命題の本質に向き合っています。龍樹がこのような議論を展開するのは、命題あるいは文章がある種の分裂を含まねばならぬことに対して懐疑を抱いているからです。このような分裂を龍樹は「分裂」（プラパンチャ　ひろがり、言語的多元性）と呼んでいます。「プラパンチャ」は伝統的には「戯論」と訳されてきましたが、龍樹の思想にあって「プラパンチャ」は「戯論」という訳語では伝えられない特殊な意味を持っています。

命題あるいは文章が一種の分裂を含んでいることは確かです。龍樹はこの分裂があるかぎり、つまり命題が存するかぎり究極的な悟りは得られないと考えます。今、われわれが扱っている龍樹の論議は詭弁に聞こえるかもしれません。しかし、ここで龍樹は、命題あるいは文章そのものが究極的には矛盾に満ちたものであるゆえに、その矛盾の死滅した境地に至るための準備としてそのような論議が必要だというのです。

「地面に歩くことがある」といえば、「歩かれつつあるところに歩くことがある」という命題に見られるような不自然さはなくなります。しかし、わざわざ「歩かれつつあるところに歩くことがある」という表現を龍樹は持ち出しています。ここで龍樹は、地面を「歩かれつつある地面」と「まだ歩かれていない地面」というような補集合的関係にある二項に分割した後に、その一項である「歩かれつつある地面」を取りあげているのです。この補集合的分割こそ龍樹の論法の特質です。それはいかなる命題あるいは文章も、「Ａと非Ａ」、肯定と否定、主語と述語などの分裂を含んでいることを示そうとした龍樹の工夫であったと考えられます。この補集合的分割にかんしては後ほど再び考察します。

第四偈前半では、第三偈後半の内容をいい直して、「歩かれつつあるところに歩くことがある」と考えるならば「歩かれつつあるところは歩くことを離れることとなろう」と述べられています。「歩かれつつあるところにおいて歩くことが存する」ならば、歩かれつつあるところとは別のものとして歩くことが存する必要がある。つまり、歩かれつつあるところ自体は歩くことと離れたものとなる、というのです。

2・4　gamyamānasya gamanaṃ
yasya tasya prasajyate/
ṛte gater gamyamānaṃ
gamyamānaṃ hi gamyate//

2・4　歩かれつつあるところに歩くことがあると考える者にとって、
歩かれつつあるところは歩くことを
離れることとなろう。なぜならば、
歩かれつつあるところが歩かれるから。

「歩かれつつあるところに歩くことがある」と考えるならば「歩かれつつあるところ」自体が歩くことを離れるという過失に陥ることになる、と龍樹は指摘します。反対論者にとって、歩かれつつあるところと歩くこととは別個のものであり、歩かれつつあるところ自体には歩くことはありません。これを龍樹は第二〜三句で「歩かれつつあるところは歩くことを離れることとなろう」といっているのです。

その理由として龍樹は、第四偈後半で「なぜならば、歩かれつつあるところが歩かれるから」といいます。ここで「歩かれつつあるところが歩かれる」とは、歩かれつつあるところにおいて、歩かれつつあるところとは別の存在である歩くという動作が存する、という意味です。反対論者にとって「歩かれつつあるところ」それ自体に歩くことは存在しないことになる、と龍樹はいうのです。

次の第五偈において第三偈から始まった論議が終わります。

2・5　gamyamānasya gamane
prasaktaṃ gamanadvayam/

yena tad gamyamānaṃ ca
yac cātra gamanaṃ punaḥ //

2・5　歩かれつつあるところに歩くことがあれば
歩くことは二つ存することになろう。
それによって歩かれつつあるところとなる歩くことと
歩かれつつあるところにさらに存する歩くことである。

第一句の「歩かれつつあるところに歩くことがある」とは、歩かれつつあるところという基体の上に基体とは別のものである歩くことが存するという意味です。第二句の「歩くことが二つになってしまう」の意味は次のようです。まず「歩かれつつあるところ」が成立するために、一つの歩くことが必要だと、龍樹は考えます。龍樹は「歩かれつつあるところ」の「歩かれつつある」に注目します。彼は「歩かれつつあるところ」が成立するためには一つの歩くことが必要だと考えます。この歩くことは、図2・2において見られた上の長方形によって表された歩くことではなくて、下の長方形が表す歩かれつつあるところを成立させるために必要な歩くことです。「歩かれつつあるところ」を成立させる第一の「歩くこと」が成立した後、その歩かれつつあるところという基

図2・3　歩かれつつあるところにおける二つの歩くこと

体の上に歩かれるという第二の「歩くこと」が存することになろう、というのです。このような「二つの歩くこと」は図2・3におけるように図示できます。

図2・3に描かれる下に書かれた基体である「歩かれつつあるところ」が成立するためには、一つの「歩くこと」が必要です。踏み歩かれつつあるところという基体が成立した後、その上に存する、上の長方形によって表される第二の歩くことが必要なのです。しかし、実際にわれわれが眼にしている動作は一つしかないゆえに「歩かれつつあるところに歩くことがある」とは成立しないと龍樹は主張します。

ここで反対論者は反論することでしょう。あなた（龍樹）が「歩かれつつあるところに歩くことがある」という文章を提示しておいてそのような論議を続け、結論として「歩くことが二つある」というならば、それはわれわれにとっては不都合ではない。二つの歩くことがもしもあなたのいうような意味で存在するとしても、われわれは実際の生活においては、そのことを問題にせずに生活できるのであるから、われわれにとっては矛盾でも誤りでもない、と主張すると思われます。

もっともそのような反論を『中論』において龍樹が引用しているわけではありませんが、「歩かれつつあるところに歩くことがある」というような不自然な命題を持ち込んでおいて、最後に「去ることは一つである」という常識を持ち出す龍樹の論法に、反対論者は違和感を覚えたにちがいありません。龍樹は議論のどこかで世間的常識に従い、どこかでは世間の常識を破ろうとします。どのような場面で常識を覆そうとするのか、どのような状況で常識に従っているのかは、『中論』の論議の考察にとって重要です。

くり返して述べているように、龍樹の論法にはからくりがあります。反対論者は「道が踏み歩かれる」あるいは「道に歩くことがある」というような常識的な表現を用いるのであって、「已に歩かれたところは歩かれない」とか「今歩かれつつあるところに歩くことがない」というような「不自然な」命題を持ち出すことはなかったでしょう。

しかし、龍樹は第一偈に見たように、道を「ガタ」「アガタ」「ガムヤマーナ」の三つに分けます。この分割がなければ龍樹の議論は成立しません。この分割は『中論』全編に見られる仕掛けなのです。この分割に反対論者が取り込まれた途端、龍樹の思うつぼに嵌ってしまいます。龍樹は自分流の論議のために意図的に人工的な、あるいは不自然な命題を出してくるのです。

「道路が歩かれる」（マールゴー　ガムヤテー　mārgo gamyate）と反論者がいうとき、龍樹にとってこのままでは手のだしようがありません。龍樹は反論者が出してきた命題の主語あるいは述語で指し示されているもの（項）を補集合的に分けます。「今踏み歩かれつつあるところ」か「今踏み歩かれつつあるところではないもの」のように、必ず補集合的に分けるのです。補集合的に分けることにかんするかぎり、反対論者は反論できません。そのような分割の操作自体は論理的に正しいからです。しかし、その補集合的分割を受け入れた瞬間、反対論者は龍樹のトラップにかかります。これは必ずしも龍樹が詭弁を用いているというのではなくて、もろもろのものは時間的な規定や有無の制約を受けているのだということを龍樹が示そうとした結果であったと考えられます。

龍樹は縁起に関して独創的な考え方をしています。つまり龍樹にとって二つのもの（xとy）が縁起の関係にあるとは、その二つのものが多くの場合、主語と述語として一つの文章に表されるということです。龍樹によれば縁起は言葉の世界の中に捉えられています。あるいは、縁起せる世界は言葉の世界そのものであるということもできます。例えば「この紙は白い」という場合、この紙と白色（あるいは、白いものであること）とは龍樹は縁起の関係にあると考えます。また、「わたしが歩く」という場合、龍樹によれば、わたしという行為者と歩くことは縁起の関係にあります。すなわち、「わたし」という主語によって表されたものと、「歩く」という動詞によって表された歩くこと、この二つのものは縁起の関係にある、と龍樹は考えるのです。このようにして、主語と述語として一つの文章に表現されれば、主語と述語それぞれによって表されたものは龍樹によれば縁起の関係にあるのです。

「わたし　走ること」という表現を考えてみましょう。これは完結した文章ではありません。この場合、わたしと走ることは縁起の関係にあるとは考えられていません。しかし、「わたしが走る」と表現された場合は、龍樹は行為者であるわたしと走ること、この二つがここでは縁起の関係にあると考えているのです。

龍樹が『中論』において問題にするのは、われわれが文章によって構成する世界、つまり言葉の世界です。主語と述語との分裂は文章（命題）にとっては欠くことのできないものですが、世界の構造を言語の構造として捉え、文章の分析を通じて世界の構造の分析を進めようというのが龍樹の方法です。

われわれの言語が有している根本的な問題を龍樹は示そうとします。文章がなぜ主語と述語によって成り立つのか、ということです。サンスクリットをはじめ印欧語の文章は主語と述語に分けることができます。もっとも世界のすべての言語に見られる文章は、主語と述語によって成り立っているわけではありません。例えば、日本語の文章は厳密な意味では主語と動詞に分けることはできないのです。しかし、日本語にあっても一般に二つ以上の言葉の連結によって文章が成り立っていることは事実です。

「わたし」という語と「歩く」という動詞を合わせれば「わたしが歩く」という文章が一応成立するかのようです。この場合の「成立する」とは、例えば「わたしが歩く」という文章が指し示している意味が理解可能であるということです。

しかし、「わたし」という主語と「歩く」という述語を合体させたゆえに意味ができたと主張できる根拠はありません。逆かもしれません。最初に意味があって、それから、それを表現するために「わたしは歩く」というような主語と動詞に分かれた文章を提示しているのかもしれないのです。

今、わたしが歩いています。この事態を「わたしが歩く」と表現したとしましょう。しかし、その文章はかの事態のほんの一部を示しているのみであって、「わたしが歩く」という行為には、もしかすればこれまで思ってもみなかった事実あるいは秘密が潜んでいるかもしれません。龍樹は、われわれが普段使っている文章を一度壊してみることによって真実が見えるだろうと主張します。その真実を『中論』の論議は示そうとしているのです。

二　歩く者と歩くこと

第六偈は以下のようです。

2・6　もしも二つの歩くことがあれば、
　　二つの歩行者があろう。
　　歩行者なくしては
　　歩くことはあり得ないゆえに。

この偈は『中論』第二章の第三偈から第五偈までの論議を踏まえています。第三偈は「歩かれつつあるところに歩くことがあれば」という条件文で始まっており、第五偈では「そうであれば、歩くことが二つ存在する、という誤りに陥ってしまうであろう」と述べていました。第六偈はそれを受けて、「歩かれつつあるところに歩くことがあれば、歩行者も二人になろう」と述べています。

第二章ではこの第六偈において初めて「歩行者」という概念が登場します。もっとも注釈書によっては第六偈以前の注釈の中に歩行者の概念を登場させる場合があります。例えば、第二偈における「ヤタハ」（yataḥ）という関係詞は明らかに「なぜならば」という意味と思われますが、五世紀後半に活躍したと思われる注釈者仏護（ブッダパーリタ）はこの語を歩行者を指している関係代名詞と考えて「「あるものの」というのは「歩行者の」という意味である」と述べています（北京版西蔵大蔵経　第九五巻　七八頁三葉一行）。龍樹自身は『中論』において、第六偈に至るまでは歩行者（行く人）という概念を議論において登場させていません。第六偈の議論が第五偈までの議論とどのように関係するのかにかんしては各注釈者によって意見が異なります。

2・7　歩行者がなければ、
　歩くことはあり得ない。
　歩くことがないならば、
　どうして歩行者があろう。

第六偈から第七偈にどのような議論の発展があるのかという問いに、注釈者たちはそれぞれの立場から答えようとしています。第六偈の注釈の最後の部分で、仏護は次のように述べています。

　已に歩かれたところとまだ歩かれていないところと今歩かれつつあるところには歩くことはあり得ない。それゆえに、歩くことはどこにも存在しない（北京版西蔵大蔵経　第九五巻　七八頁四葉五行）。

仏護は、第一偈から続いた論議が第六偈で一応完結すると考えています。つまり、第一偈から続いた、道路を過去（已に歩かれたところ）・現在（まだ歩かれていないところ）・未来（今歩かれつつあるところ）の三つにおいて歩くことという動作が存在するか否かの問題が第一偈から第六偈までで行われたと考えているのです。

山口益の月称注訳においては第三偈から第六偈までの議論が「「去時に去あり」の宗の批判」と名付けられて一続きの議論であると理解されています［山口2 一九四九：一四七］。

青目注羅什訳は、第七偈の注釈のはじめに次のような反対論者の説を掲げます。

去者を離れて去法なきはしかるべし。
今三時の中に定んで去者あらん。

「ともかくも三時の中に歩く者はあるのではないか」と反論者は主張すると、青目注では解釈されているのです。第二偈では、已に歩かれたところとまだ歩かれていないところに歩くことがないにしても、現在歩かれつつあるところには歩くことがあるのではないか、という反論が述べられていました。このように第七偈の青目注に見られる反論は、第二偈における反論と異種のものです。

「三時に去る者があるではないか」という反論は、安慧（スティラマティ、六世紀）注、清弁（バーヴィヴェーカ、六世紀）注では見られません。安慧注は、漢訳が残されています。しかしサンスクリット・テキストやチベット訳は残されていません。現在残っている安慧注漢訳から、安慧の『中論』の論議を理解することは非常に難しいのです。

第六偈仏護注の終りに、三時に歩くことはない、と述べられていますが、そのことは青目注や『無畏注』（無畏論）では第七偈の注において述べられています。

『無畏注』と青目注の議論が似ていることはしばしばです。これらの二つの注釈が元来は同じものではなかったかという意見もあります。仏護注と月称注の議論が似ていることも多くあります。しかし、安慧注と清弁注では、他注からはかなり異種の論議がなされます。清弁の第六偈と第七偈に対する注釈の仕方は、『無畏注』や青目注とはかなり異なっています。

第六偈は「二つの歩くことがあれば歩行者も二人あることになるだろう。歩行者がいなければ歩くことはないのだから」と述べています。第七偈前半は「歩行者がなければ歩くことはあり得ない」と述べて、第六偈の後半とほとんど同じことをくり返しています。第七偈の後半には「歩くことがなければどうして歩行者があるか」とあります。第七偈前半では「AがなければBがない」といい、後半では「BがなければAがない」と述べているのです。

第六偈は、第五偈までの議論に付随するものであると思われます。『中論』の偈では第五偈までは歩行者の概念が登場してきませんが、第六偈では「歩くことが二つあれば歩行者も二人であろう」と述べ、ここで初めて歩行者という概念を出し、歩くことと歩行者の関係に触れて歩行者にかんする議論の方に進んでいきます。

第七偈では歩行者と歩くこととの関係が問題になります。第七偈は「歩行者がなければ歩くことはない、歩くことがなければ歩行者はなかろう」といい、歩行者と歩くことの両者は相関関係にあることを確認しているにすぎず、第七偈自体には第六偈の論議からの大きな展開はないようです。

今、第七偈を仮に「AがなければBがない。BがないときどうしてAがあろう」と置き換えて考えてみましょう。むろんこのように書き換えるのは正しくありません。第七偈における歩行者と歩くことは、AとBあるいは犬と猫というような別個の個体ではないからです。龍樹が批判しようとしている反論者の考え方では、歩行者と歩くことは犬と猫ではないにしても、「歩行者がなくとも歩くことはある」と主張できるほどには別個の存在と考えられている、と少なくとも龍樹は考えているのです。

しかし、ここで次のような疑問が生まれます。ここで龍樹が歩行者がなければ歩くことはなく、歩くことがなければ歩行者もない、と述べていることは理解できるのですが、龍樹自身、ここで反論者を批判するためであったとしても、歩行者と歩くことという概念を用いています。『中論』全体の議論から分かるように、龍樹にあっては歩行者と歩くことの区別を一切認めていないわけではありません。例えば、第八章第一二偈前半では「行為に依って行為者があり、行為者に依って行為がある」と述べているからです。龍樹自身が行為者と行為の区別をどのように考えていたのかは大きな問題です。反論者を批判する時には行為者と行為の区別を否定する一方で、第八章第一二偈前半に見られるような縁起の世界（仮説の世界、後に述べる第二四章一八偈参照）では行為者と行為の一般的区別を認めているのは一見矛盾であるかのようです。その仮説の世界における論理と反論者との論理の違いが問題にされねばなりません。この問題は本書がこれから一貫して考察しようとする課題です。

第六偈と第七偈がどのような関係にあるのかにかんして注釈者たちの解釈も意見が分かれています。七世紀の注釈者月称は、仏護の立場を受け継いでおり、六世紀中葉の注釈者清弁を批判していました。仏護の考え方と月称のそれとが近い関係にあることは、すでに指摘されています。後世、清弁の伝統は「自立論証学派」と呼ばれ、仏護および月称の伝統は「帰謬論証学派」と呼ばれました。清弁は論証式を用いて空の思想を論証しようとしたのですが、仏護および月称は自らは論証式を立てることなく相手側の誤りを帰謬法によって指摘するという方法を採ったのです。

月称は、第六偈まででひとまとまりの議論が終わって、第七偈から新しい議論がはじまると考えています。第八偈を述べるために、第七偈を述べる必然性はないと思われます。もっとも、第七偈は行為者と行為とが相関関係にあるのだと主張しているという意味では第七偈の内容と第八偈のそれとは関連があるとはいえますが。

2・8　まず歩行者は歩かない。
　　非歩行者も歩かない。
　　歩行者と非歩行者より他の
　　どのような第三者が歩くのか。

この偈の形式は第二章第一偈のそれとよく似ています。偈前半には「歩行者は歩かない。非歩行者も歩かない」と述べられていますが、ここでは人が歩行者と非歩行者に分かれています。第八偈を次のように書きなおすならば、その内容はより明解に理解できます。

まず　歩行者が　歩く　ということはない。

非歩行者が　歩く　ということはない。
歩行者と非歩行者より他のどのような第三者も　歩く　ということはない。

反論者は、人が歩くということはあると主張します。それに対して龍樹は、「人が歩くとすれば、その人は歩行者か非歩行者かのいずれかである」というように人という概念の領域を補集合的に分けます。このような補集合的配分が行われた結果としての歩行者と非歩行者が第八偈前半に述べられているのです。この「非歩行者」とは世界（宇宙）における歩行者以外の者という意味ではありません。ここでの全論議領域は人です。全論議領域としての人が歩行者と非歩行者に分けられているのです。ここにいう「歩行者」とは実在の歩行者のことであり、「非歩行者」とは非実在の歩行者を意味しています。

第二章第八偈では、歩行者と歩くことの関係が問題になっており、さらに人が補集合的な関係に分割されています。第一偈では、歩かれる場所（道路）が過去・現在・未来という時間的な規定を受けていました。第八偈において人は時間的な規定は受けていません。この偈では実在する者（人）と非実在の者との区別が問題となっているのです。第三偈から第五偈までは「今歩かれつつあるところに歩くことがあるか否か」という問題が論議され、「已に歩かれたところ（あるいはまだ歩かれていないところ）に歩くことがあるか否か」は問題になりませんでした。「已に歩かれたところに歩くことがない」とは第一偈第一句で述べられています。第二偈の反論および第三偈から五偈までの論議においては、今歩かれつつあるところと歩くこととの関係が問題になっていました。第一偈では、歩かれるところ（gantavya）、すなわち歩かれる道が已に歩かれたところ（gata）とまだ歩かれていないところ（a-gata）に配分されていました。その場合、今歩かれつつあるところ（gamyamāna）に対してはいかなる幅も認められていません。過去と未来という時間が空間的に表象されており、現在のためにはスペースは認められていなかったのです。

第三偈から第五偈までは、現時間に幅があると考えられて「現在歩かれつつあるところ」（去時）と「歩かれつつあるところではないところ」（非去時）との補集合的関係が想定され、現在歩かれつつあるところと歩くこととの関係が取りあげられていました。

第八偈においては、歩行者が四句分別（第一章第一偈注参照）の第一格、非歩行者が第二格であり、歩行者でもなく非歩行者でもない者は第四格に相当します。第九偈から第一一偈までの論議では、歩行者と歩くこととの関係が問題になります。第九偈から第一一偈までの議論は、第三偈から第五偈までの議論と対応します。

第九偈を見ましょう。

2・9　まず歩行者が歩くとは、
　どのようにしてあり得ようか。
　歩くことがなければ歩行者は、
　決してあり得ないから。

「まず」とは、「第一に」という意味で、「歩行者が歩く」というケースをまず問題にしようというのです。第八偈においてすでに龍樹は「いかなる歩行者も歩かない」と結論を述べてはいるのですが、第九偈において第一の命題である「まず歩行者は歩かない」の理由を説明します。第一偈では、過去・現在・未来が空間的に分けられており、現在時には幅がないという前提がありました。

しかし、第二偈における反論者は、現在踏み歩かれつつあるところにはある程度の幅があるはずだ、あるいは現在時には幅があるはずだという前提に立って、今歩かれつつあるところに歩くことがある、と主張しました。第三偈から第五偈までは、今歩かれつつあるところと歩くことの関係が問題になりましたが、第九偈から第一一偈までは、歩行者と歩くこととの関係が扱われます。

「歩行者が歩くとはどのようにしてあり得ようか」。この箇所を読んだ多くの人が「歩行者が歩く」という命題が不自然だという印象を持つことでしょう。一般には「人が歩く」というのであって、「歩行者が歩く」とはいいません。たしかに、「歩行者が歩く」というような命題は不自然ですし、一般には用いられません。しかし、第八偈において龍樹は、「人が歩く」と反論者が述べたのに対して、人を実在の歩行者と非実在の歩行者に分割した後、まず「歩行者が歩く」という命題を示し、その命題を否定しています。

第九偈後半には「歩くことがなければ歩行者は、決してあり得ないから」とあります。これは第三偈の場合と同じ論法であり、「歩くことがなければ」とは「歩くことを離れた歩行者は」という意味です。「歩行者が歩く」というときには、反対論者の考え方にあっては歩行者それ自体は歩くことを離れているはずだ、と龍樹は決めてかかっているのです。

第一〇偈の議論は第四偈のそれと対応しています。

2・10　もしある人が歩行者は歩くと
考えるならば、歩くことのない
歩行者が存することとなろう。
歩行者に歩くことを認めるから。

「歩行者に歩くことを認めるから」という第四句は、「歩くことを欠いた歩行者が歩くと考えるのだから」という意味です。

次の第一一偈の論法は第五偈の論法と同じです。

2・11　もし歩行者が歩くならば、
歩くことが二つ存することとなる。
それによって歩行者となるものと、
歩行者となって歩くときのものとである。

『無畏注』と青目注羅什訳では、「去る人に去ることがある」とは去る人という基体に去ることがあるというように、基体に属性があるという事態が問題にされています。一方、仏護注、清弁注、月称注の解釈では、「歩行者に歩くことがある」あるいは「歩行者が歩く」という文章が考察されます。

すでに述べたことですが、「歩行者」という語と「歩く」という語が合わさって「歩行者が歩く」という文章になるというように一応は考えられます。たしかに「歩行者が歩く」という命題は「歩行者が」という句と「歩く」という語句に分析できるといえるかもしれません。しかし、「歩行者が」と「歩く」が合わさって「歩行者が歩く」という文章が成立すると主張することは誤りかもしれないのです。

龍樹は、いわゆる主語の「歩行者」の中にすでに「歩くこと」という意味が含まれていると主張します。それは「人が歩く」という表現における「人」というまだ補集合的配分を受けていない命題であっても同じことであると龍樹は考えたことでしょう。つまり、主語は述語の意味の少なくとも部分をすでに有しているはずだというのです。ここでこの問題にこれ以上立ち入ることはしませんが、このことは現代の分析哲学における「分析性」（アナリティシティ）の問題でもあります。

仏護、清弁および月称は、第三偈から第五偈までと第九偈から第一一偈までを注にするにあたって、「歩かれる道」（あるいは「歩行者」）という語と「歩くこと」という語との関係を問題にしています。「歩行者が歩く」というときに、「歩行者」という言葉が成り立つためには、歩くことと結びついている、あるいは歩くことを指し示している必要があります。歩くことを指し示すことによって「歩行者」という語は文章中で機能すると考えられました。しかし、この場合「歩く」という言葉と結びつくべき歩くことは残っていません。歩くことは一つしかないからです。興味深いことは、歩行者が成立するためには歩くことと歩行者との結合が必要であると、龍樹自身が述べていることです。むろんそれは龍樹が反論者の考え方を逆手にとっているのですが、反対論者を批判するときの次元と龍樹自身の考え方を直截的に述べる場合の次元とは異なっているように思われます。この次元の違いについてはこの後しばしば問題にすることになります。

次に「歩行者が歩く」という場合に、「歩く」という動詞と歩くことが結びついたと考えましょう。その場合は「歩行者」という言葉は結びつくべき歩くことを持たないことになります。一つしかない歩くことが「歩く」という動詞と結びついているのですから。仏護以降の注釈者たちは、歩くことのない歩行者を歩くことと結びついていない「歩行者」という語の意味に取ったのです。

言葉とそれが指し示すものとの関係を導入して注釈することは、五世紀後半の仏護からはじまっています。六世紀中葉の安慧がどのように考えていたかは今に残る資料からは分かりません。一方、明らかに清弁（六世紀中葉）や月称（七世紀）も仏護と同じように解釈しています。

ところで、龍樹が仏護たちと同じように考えていたとは思えません。龍樹が「歩行者が行くとはどうしてありえようか」と述べたときには、「歩行者が歩く」という命題あるいは文章を扱っているというはっきりとした意識はなかったと思われます。文章そのものと、文章が指している意味とを龍樹はそれほど区別していなかったでしょう。ところが、仏護以降の人たちは、そこを区別しようとしたのです。このように注釈の方法の違いが見られます。

第一句には「もし歩行者が歩くならば」とあります。これは仏護以降の注釈者たちが想定する反論者によれば、「歩行者」という語と「歩く」という語の両方が歩くことと結びつくならば、すなわち「歩行者」という語が成立し、かつ「歩く」という言葉も意味をもって文章をつくることができると考えるならば、を意味します。このように考えるならば「歩行者が歩く」という文章は成立するではないかと反論者は考えた、と仏護以降の注釈者たちは注釈しています。

インド人は、当時の龍樹の時代には命題が示す対象と命題そのものとの区別はそれほどはっきりしていなかったのですが、仏護以降は命題と指し示すものとの区別を注釈の時に入れてきたのです。

第二章第一一偈で第九偈から続いてきた議論が終わります。第一二偈からまた新しい議論に入っていきます。

三　歩くことのはじめと休止

2・12　已に歩かれたところに歩くことのはじめなく、
まだ歩かれていないところにも歩くことのはじめなく、
歩かれつつあるところにもはじめがないゆえに、
どこに歩くことのはじめがあろう。

動作はある程度の時間持続します。例えば、五〇メートル歩く場合、ある程度の時間が必要です。その動作のはじめは歩くことのはじめといい換えることができます。動作あるいは歩くことのはじめはいかに短い時間の動作であろうとも、ある程度の距離をすでに移動している、あるいは歩いていると考えられます。歩くことのはじめは短い距離を歩くことにほかなりません。第一二偈の論議は明らかに第一偈のそれと同種のものです。したがって、第一二偈における「歩くことのはじめ」は第一偈における「歩くこと」と入れ替えて考えることができます。もっとも第一偈では歩くことは「歩かれる」という動詞によって表現されています。

2・13　歩くことのはじめより先には、
歩くことのはじめがあるところとしての
歩かれつつあるところもなく、已に歩かれたところもない。
まだ歩かれていないところに歩くことがどうしてあろう。

歩くという行為があるときには当然、歩くはじめがあります。動きはじめる前は止まっています。「はじめ」とは、今ここに立っていて動きはじめようとする時点において、今から起きる行為がまさに行われようとしている場面なのです。已に踏み歩かれてしまったところに歩く動作のはじめはありません。まだ踏み歩かれていないところにはじめがないのも明らかなことです。

次の第一四偈では、歩くときのはじまりに関する議論が締めくくられます。

2・14　歩くことのはじめがすべての場合に
決してあり得ないゆえに、
どうして已に歩かれたところや、歩かれつつあるところ、まだ歩かれていないところが存すると考えられよう。

歩くことのはじめがもしもあるならば、それは已に歩かれたところか、歩かれつつあるところか、あるいはまだ歩かれていないところのいずれかにあるはずです。この偈では、歩くことのはじめがすべての場合にあり得ないことが第一二偈に述べられており、それを理由として已に歩かれたところ、歩かれつつあるところ、およびまだ歩かれていないところが存在しないと述べられています。

歩くことのはじめの考察が終わったので、次の第一五偈では留まることの考察がなされます。

2・15 まず歩行者は留まらない。
非歩行者は留まらない。
歩行者と非歩行者より他の
どのような第三者が留まろうか。

ここの「留まる」とは、停止あるいは止まってしまうことではなくて止まっていることを意味します。「停止」には二つの意味があります。今まで動いていたものが「停止する」ことと「動くことなく停止している」ことです。この偈における「留まる」は、これまで続いていた動作が止むという意味ではなく、ある幅の時間の間動くことなく停止している、を意味します。それゆえ、第一五偈では「停止」ではなく「留まる」と訳しています。

ここでは「歩行者は留まらない」とあり、「留まる人は留まらない」とは述べられていません。もっとも「留まる人は留まらない」というと、第八偈以降と同じ議論になってしまいます。また、第一七偈では「留まる人の歩くこと」という概念が示唆されています。

2・16　まず歩行者が留まるとは、
どのようにしてあり得ようか。
歩くことなくして歩行者は
あり得ないゆえに。

「歩くことなくして歩行者があり得ないこと」（偈後半）が「歩行者が留まることはあり得ない」（偈前半）の根拠として述べられています。歩くことがないゆえに、歩行者も存在しない。すなわち、存在しない者が留まるという行為をなすことはない、というのです。

2・17　今歩かれつつあるところからも
已に歩かれたところからもまだ歩かれていないところからも留まらない。
〔留まる者の〕歩くことと〔留まることの〕起行と休止は
〔歩行者の〕歩くことに等しい。

第一五偈では歩行者や非歩行者が留まらないと述べられたのですが、第一七偈では已に歩かれたところ等からも留まることはないと述べられています。

四　歩くことと歩行者の一体と別体

第一八偈から第二一偈までは、歩くことと歩行者が一体であるか、別体であるかを考察しています。『中論』では、例えば歩行者と歩くことが一つであるか否かというように、常に「縁起の関係にある」もの二つあるいはそれ以上のものが問題にされるのです。歩行者と歩くことは「歩行者に歩くことがある」(歩行者は歩く)というような文章によってその間の関係が表現されるのですが、このような関係にある二つのものを「縁起の関係にある二つのもの」と呼び、縁起の関係にある二つのものを表している命題を「縁起の関係を表す命題」と本書では呼ぶことにします。

2・18　歩くことが歩行者である
　　ということはなく、
　歩行者が歩くことと異なっているとは
　　あり得ない。

この偈では歩くことと歩行者との関係が問題になっています。歩くことおよび歩行者がもし存在するのであれば、両者は一体であるか、別体であるか（異なるもの）であるかのどちらかであろうと、歩くことと歩行者との関係が補集合的に分けられます。歩くことと歩行者の両者が一体でもなく別体でもないというケース（四句分別の第四格）は、少なくともこの場合は表現されていません。第一八偈ではまず歩くことという作用（動作）とその動作の主体との関係が補集合的に配分されて、その後、両者とも否定されます。

2・19　もし歩くことが
　　歩行者であるならば、
　　行為者と行為も
　　一体となろう。

第一九偈は、歩くことと歩行者が一体であることがあり得ない理由を述べています。もし歩くことが歩行者であるならば「歩行者と行為は一体」はあり得ないからです。ここでは、歩行者と歩くこと、つまり行為者と行為とが一体であってはならないと龍樹は考えています。行為者と行為が一体ではあり得ないと主張する限りにおいては、龍樹は一般的な思考に従っているのです。

第二〇偈は、第一八偈の後半の理由を述べています。

2・20　もし歩くことと歩行者が

別体であると誤って考えるならば、
歩行者のない歩くことと
歩くことのない歩行者があろう。

もし歩くことと歩行者とが別体であると考えるならば、歩行者のない歩くことと歩くことのない歩行者があることになろう、というのです。これは第二章の第三～五偈および第九～一一偈の論法と同じです。

歩くことと歩行者が別体であるとは、『中論』においてはかの両者に関係がまったくないことを意味します。「歩行者のない歩くことと歩くことのない歩行者が存することになろう」とは、「歩行者」という言葉が用いられた場合、すなわち、歩行者という存在があると考えられた場合には、歩くこととは別に存在していると考えられています。歩行者それ自身には歩くことはないからです。歩行者は歩くことのない歩行者がある、という場合には、歩くことは歩行者がなく存在しているはずだと龍樹は主張しているのです。

もし、歩くことと歩行者が存在するのであれば、両者は一体であるか、あるいは別体であるか（異なるもの）であるかのどちらかになります。しかし、歩くことと歩行者が一体ではなく、歩行者が歩くことと異なっていることもないと龍樹は主張します。

歩くことと歩行者との関係は、両者が一体である場合と非一体（別体）である場合という補集合的関係に分けられていますが、歩くことと歩行者との関係の中で、一体でもなく別体でもないというような第三のケースはここでは考えられていません。そして、その補集合的関係に分割された二つのケースはいずれも否定されるのです。

第一九偈は、もし歩くことが歩行者であるならば、つまり、歩くことと歩行者が一体であるならば、歩行者と行為も一体となろうという困難な状態に陥ることを示し、歩くことと歩行者が一体ではあり得ない理由を述べています。一方、龍樹は、歩行者と歩くこと、あるいは行為者と行為とが一体であってはならないとも述べています。ここで龍樹は、行為者と行為が一体ではあり得ないと主張する限りにおいては一般的な論理に従っています。

第二〇偈では、第一八偈の後半に述べたことのあり得ない理由を述べています。もし歩くことと歩行者とが別体であると考えるならば、歩行者のない歩くことと歩くことのない歩行者が存在することになるというのです。これは第二章の第三～五偈および第九～一一偈で論議されたことと同じ論法です。

歩くことと歩行者が別体であるということは、両者にいかなる関係もないことを意味しています。歩行者のない歩くことと歩くことのない歩行者が存在するということは、「歩行者」と表現した場合には、すでに歩くこととは別に歩行者が存在する筈ですから、歩行者自身に歩くことは存在しないということになります。歩くことのない歩行者が存在するという場合は、歩くことは歩行者の存在なしに歩くことのみが存在することになります。

一般に「ＡとＢとが別体である」とは、ＡとＢとの間になんらかの関係があったとしても、両者は「別体」であり得ます。ところが、龍樹の考え方にあっては、「ＡとＢとが別体である」とは、そのＡ

とBとの間にはなんら関係もないと考えられているのです。
龍樹が「AとBは一体でもなく別体でもない」という場合は、常に彼が反論を批判しているときです。一方、「BをもってAが存在する、あるいはAをもってBが存在する」というような依存関係が存在することこそが、まさに龍樹の主張しようとすることです。彼の説く縁起は、AはBをもって存在し、BはAをもって存在するというAとBの関係をも指しています。AがBと無関係に存在するということはあり得ず、また縁起の関係によらないもののあり方は許されないと彼は主張しようとしています。

2・21　二つのものが一体としても
あるいは別体としても
あり得ないような二つは
どうして存在し得よう。

二つのものが一体としてもあるいは別体としても存在しないとき、そのような二つは存在しないと龍樹は主張します。AとBとが一つでもなく別のものでもないとき、唯一の可能性はAとBとが存在しないことです。それこそ龍樹がいわんとしていることなのです。もしAとBとが共に存在するならば、AとBは一体あるいは別体のどちらかです。しかし、そのいずれもが成立し得ない場合、AとBは共に存在しないという可能性のみが残ります。

すでに述べたように、龍樹は「一体」という語をまったく同一という意味に用いており、「別体」とはまったく関係ないという意味に使われています。AとBが「別体である」とは「両者にまったく関係がない」ということであり、「一体である」とは「まったく同一である」であるという龍樹の論法は、強弁であるかのような印象を受けます。というのは、AとBが「別体である」とか「一体である」という場合、両者の間にさまざまな関係あるいは「中間の関係」があり得るからです。

そのような「中間の関係」は実は哲学上重要な問題を含んでいます。「AとBが一体である」を〇とし、「AとBが別体である」を一と置き、〇あるいは一の関係のみが存在するという二進法の世界を想定しましょう。この場合、〇と一の間を刻むような関係は想定されていません。少なくとも龍樹はそのように考えていたでしょう。彼にとっては、「AとBとが一体である」と「AとBとが別体である」とは矛盾の関係にあって、両者の間に割って入るようなケースは考える必要のないものでした。たしかに「一体」と「別体」は表現上は矛盾の関係にあるように聞こえますが、龍樹の考えた「一体」と「別体」の間には実際は無数に近い中間状態が考えられるのです。

AとBとの間に一〇〇〇通りのあり方があるとしましょう。今、その中の一の値の場合を考えてみます。値一の項目をさらに一〇〇〇通りに分けることもできます。一〇〇〇分の一もさらに一〇〇〇通りに分けることが可能です。現在のコンピューターはこういった計算をくり返しています。一か〇という二進法の世界でコンピューターは動いているのです。0001や0010のような二進法の世界ではたとえ〇の数が一兆桁あったとしても、それはAか非Aかの違いでしかありません。

われわれの思惟形式において肯定か否定、あるいはマイナスかプラス、〇か一の間をどのように設定することができるのでしょうか。また、それは人間の思惟にとって可能なのでしょうか。

有か無、〇か一、プラスとマイナスというようないわば二進法のみでは物事は成立していないのかもしれません。たとえ問題の箇所をさらに細かく刻んでも同じことです。つまり、「AとBとの間にある程度の一体性や別体性がある」と考えたところで、「その一体性を二進法で示してみよ」といわれたときには、われわれは龍樹の軍門に下らざるを得ないのかもしれません。「一体性と別体性」の論議はこのような問題を含んでいますから、龍樹の論法は古代的詭弁だとして片付けることはできません。

行為者と行為は縁起の関係にあると考えて、龍樹は「行為に依って行為者があり、行為者に依って行為がある」（第八章第一二偈）と述べています。ところで、龍樹が行ってきた反論が龍樹自身への批判として降りかかってきます。すなわち、「龍樹よ、あなたは行為者と行為とが依っているというが、どういう意味で依っているのか、依っている二つのものは一体なのか別体なのか、それらは一体でも別体でもあり得ないとあなた（龍樹）は主張したばかりではないか」という反論を受けざるを得ません。

これは、われわれの思惟形式が一体か別体、〇か一、プラスかマイナス、肯定か否定という二つの因子しか持っていないことに起因しています。そのため、最終的に龍樹は「〇か一、プラスかマイナス、あるいは肯定と否定というような形式以外に人間の思惟形式はありません。しかし、それは言葉の運命であり、したがってわたしはその言葉を一度死滅させ乗り越えようとするのです」と述べます。これは、龍樹の立場からいえば至極当然なことでしょう。事実、龍樹は戯論（プラパンチャ）、すなわち言葉が持たざるを得ない虚構を寂滅させよといっているからです。言葉を有する限り今述べたような規制や制約を持ちますから、そのようなジレンマを乗り越える必要のあることは確かです。それを乗り越えるには戯論が寂滅した空の立場に行くしかないというのが龍樹の立場です。しかし、このような考え方はなかなか受け入れがたいものです。龍樹は「あなたたちは言葉で考えている。言葉を越えた悟りの世界に立ってみなさい。そうすれば道は開けてくるでしょう」といっているのです。それを言葉で言っているのです。そのような場合、反論者は沈黙せざるを得ません。

五　歩行者と三種の歩くこと

2・22　ある歩くことに基いて歩行者と呼ばれるとき、(1)
その歩くことを歩行者は歩かない。
なぜならば、歩くことより先に〔歩行者は〕ないから。
ある者が或る歩くという行為を歩くのである。

第三句の歩くことのサンスクリットは「ガティ」(gati)です。第三偈等では歩くことは「ガマナ」(gamana)でした。平川訳（三六一頁）および渡辺訳（二一五頁）では「ガティ」は行く作用と訳されています。「ガティ」と「ガマナ」は同じ意味と考えられます。第四句の「ある者」を渡辺訳（二一五頁）は「何かについて」と訳しています。

この偈においては「歩くことを歩く」（gatiṃ gacchati）というように「ガティ」（gati）が目的格で用いられています。

2・23 ある歩くことに基いて歩行者と呼ばれるとき、
その歩くことをそれより別の歩行者は歩かない。
なぜならば、一人の歩行者に
二つの歩くことはあり得ないから。

2・24 実在する歩行者は
三種の歩くことを歩かない。
非実在の歩行者も
三種の歩くことを歩かない。

2・25 実在にして非実在の歩行者も
三種の歩くことを歩かない。
それゆえ、歩くことも歩行者も
歩かれる場も存しない。

青目注羅什訳では「三種の歩くこと」を未去、已去、去時の意味に解しています（大正蔵　三〇巻五頁下）。羅什訳では「未去、已去、去時」は踏み歩かれる場所というよりはまだ歩かれていない状態（あるいはこと）、すでに歩かれてしまった状態（あるいはこと）、いま歩いている状態（あるいはこと）を指します。すでに述べたように、中国語としての「去」は受動の意味では用いられません。

清弁は「歩くこととは歩かれるところであり、三種とはすでに歩かれたところ、まだ歩かれていないところ、いま現に歩かれているところを指すのである」と述べています［立川　一九九四：四八六］（北京版西蔵大蔵経　第九五巻　一六八頁二葉二～三行）。月称は三種の歩くことを、存在する歩くこと、非存在の歩くこと、存在しかつ非存在の歩くことの意味にとっています（プサン版　一〇七頁）。

このように「三種の歩くこと」をどのような意味にとるかは注釈家によってさまざまではありますが、第二章の最後の偈である第二五偈においては、歩く者、歩くこと、「歩く」という動詞の目的語となる歩くこと（あるいは歩かれる場所）という三つの項が述べられています。第二章の論議はここで終わっています。この章では「空性」（シューニヤター）あるいは「空なるもの」（シューニヤ）という概念は現れません。「空性」という概念が用いられるのは『中論』後半においてです。

注

（1）ドゥ・ヨング版ではプサン版のyayocyateをyayājyateとしています。宇井訳［一九二〇：二八］では「梵文ではYayo'cyateとあれど、漢訳の知に當る故に蕃本の文を捕りてAjyateと見たり」とあり、ドゥ・ヨング版と一致する読みを挙げています。意味は変わりません。

第三章　感覚器官の考察――見るものと見られるもの――

一　感官と対象は存在するという反論

第三章は感覚器官を扱っています。この章で龍樹は、感覚器官およびその対象は存在しないと述べた後に、十二支縁起（十二因縁）の考察に進みます。この章において龍樹の考える感覚器官とは、眼球、鼻、耳といった解剖学的な身体部分をいうのではなく、眼球に備わっていると考えられる「見る機能を有するもの」のことです。機能（あるいは見るはたらき）そのものが感覚器官と考えられているわけではありません。たしかに視覚器官と見る作用とはきわめて近い関係にありますが、器官とはあくまで作用を有している何ものかです。『中論』のこの箇所を解釈するにあたって、視覚器官と見る作用は同一のものであると考えた研究者も幾人かおられます。その人たちの『中論』訳では「見るはたらき」あるいは「見る作用」と訳されています。しかし、この章では感覚器官とその作用との関係が問題になっているのであって、見る作用そのものと見ること（見たという事実）との関係が考察されているわけではありません。

青目（四世紀）注の鳩摩羅什による漢訳（五世紀初頭）では感覚器官（インドリヤ）は「情」、対象は「塵」と訳されていました。玄奘（七世紀）の『倶舎論』訳（大正蔵　一五五八番）では感覚器官は「根」、対象が「境」と訳されています。

第一偈は反対論者の意見です。

3・1　視覚器官（眼）、聴覚器官（耳）、嗅覚器官（鼻）、舌、皮膚（身）、意の六は感覚器官である。見られるもの等はそれらの対象である。

「見られるもの等」とは視覚器官（眼）の対象である色・形、さらには聴覚器官（耳）の対象である声（音）などです。反対論者は、感覚器官とその対象が存在すると主張しますが、龍樹は感覚器官およびそれらの対象の存在を否定します。

この偈において龍樹は「チャクシュル」（cakṣur）ではなく「ダルシャナ」（darśana）という語を用いています。視覚器官（眼）のサンスクリットとして「チャクシュル」は一般に眼、視覚器官を指す言葉として用いられており、見る行為、あるいは見る働きを意味することはまずありません。「ダルシャナ」とは、見ること、見る機能、あるいは見るための道具、さらには哲学などを意味します。ここで「ダルシャナ」という語は「見るための作具（器官）」の意味で用いられています。もっともこの第一偈は反論者の意見であり、龍樹自身が「ダルシャナ」という語をどのような意味で用いていたかはまた別の問題です。

「シュラヴァナ」とは「聞くこと」という意味です。聞くこと、聞く機能、さらには聞く器官を指し示すことができます。「チャクシュル」および「シュラヴァナ」は、アビダルマ仏教では、内処（アンタル・アーヤタナ）つまり対象の形が入ってくる場を意味します。ダルシャナを「見ること」と訳すと、さまざまな問題が起きます。また「ダルシャナ」を「見」と訳しますと、一般には「見る働き」という意味に理解されてしまいます。羅什は第一偈において「眼、耳、鼻、舌、身、意」と訳していますが、「眼」と訳した場合、眼球の意味に取られるおそれがあります。すでに述べたように、器官は働きそのものではなくて、働きを有するものなのです。アビダルマ仏教においては第二義的な意味で眼球を感覚器官と呼ぶ場合があります。本来は、感覚器官と呼ばれているのは眼球そのものではなく、眼球に備わっている器官なのです。

第二章において龍樹は一つの文章の中で主語と述語となり得るような二つのものを考えていました。例えば「歩く人」と「歩くこと」です。そして「歩く人は歩く」というような文章が考察されていました。この場合の「歩くこと」は歩く動作です。また第二章第一偈では「踏み歩かれる場所」と「踏み歩く動作」の二項の関係が考察されていました。しかし、踏み歩く人と踏み歩かれる場所との関係が直接検討されることはありません。踏み歩かれる場所と踏み歩くこととの関係あるいは踏み歩く人と踏み歩くこととの関係がまず取りあげられた後、第二章の最後において踏み歩くことを媒介として踏み歩く人と踏み歩かれる場所との関係が検討されていました。

すでに述べたように、この章では「ダルシャナ」という語は見る働きそのものを指しているのではなくて、見る働きを有している器官を指しています。このようなわけで、第三章における「ダルシャナ」の訳語としては、「眼」を用いることにします。「見る働き」あるいは「見る作用」としますと、器官としての側面を表現することがほとんどできないからです。

『倶舎論』第一章は界（ダートゥ）すなわち「世界の諸要素」を扱っており、その章の第七偈は、もろもろのものを「有為法」と「無為法」に分けています。原因と結果の関係によって作られているものを「有為法」と呼び、同じ偈には「有為法は色等の五構成要素（色、受、想、行、識）である」とあります。第一章第九偈において色とは、五根、五境および無表色であると述べられています。無表色とは色の一種ですが、眼で観たり感じたりすることができないものです。

『倶舎論』第一章第一六偈では、五構成要素の中の第五の識とは、意処（意の入口　マノー・アーヤタナ）であると述べられ、第一七偈では、直前に滅し去った識が意界であり、これが意処の対象となると述べられています。また『倶舎論』によれば、色（ルーパ）の中に五根（眼、耳、鼻、舌、皮膚）があり、第六器官の「意」は識に属します。

『中論』第三章第一偈における龍樹に対する反論では、「眼、耳、鼻、舌、皮膚、意」は感官であるといわれています。羅什訳の『中論』第三章のタイトルは「観六情品」ですが、これは六つの情（感官）を観察する章という意味です。一方、月称注第三章のサンスクリット・タイトル（プサン版およびドゥヴァーリカーダーサ版）では「チャクシュルアーディ・インドリア」（チャクシュル等の感官）とあります。「ダルシャナーディ・インドリア」（ダルシャナ等の感官）ではありません。視覚感官としては「チャクシュル」という語を用いる方が一般的でしょうが、すでに述べたようにこの偈では「ダルシャナ」という語が用いられています。「ダルシャナ」とは「ドゥリシュ」（√dṛś）という動詞から派生した語です。「アナ」（-ana）という接尾辞は、作具、見る道具を意味します。第三章第一偈第四句にみられる「見られるもの」（ドラシュタヴヤ）という語は動詞「ドゥリシュ」から派生した語です。ようするに、「ものを見る器官等と見られるもの等は存在する」というのが第三章第一偈における反対論者の考え方です。

第二偈において龍樹が答えます。

二　眼は自分自身を見ない

3・2　その眼は自分自身を
まったく見ない。
自分自身を見ることのないものが
どうしてもろもろの他のものを見ようか。

この偈は、もし見る器官で見ることがあるならば、それ自身を見るのか、それ自身ではないものを見るのかの、いずれかであるという補集合的配分がすでに行われた後の議論です。そのような配分が行われた後で「まず自分自身は見ない」と述べられているのです。眼が自分自身を見ないことの根拠は第三偈に示されます。

第二偈後半において龍樹は、自分自身を見ないものは、他のものを見ない、と述べています。『中論』第一章第三偈では「自体が見られないとき、他体は見られない」とありました。「他のもの」は他のもの自体にとって「自分自身」であると考えられていたのです。この第三章第二偈でも同じ考え方が見られます。第一章第四偈注において青目注羅什訳は「他性は他に於いて亦是れ自性なり」（大正蔵　第三〇巻　二頁中）と述べていますが、ここでの「自性」とはあるものにおける恒常不変な性質という意味ではなくて、ある論議領域を自と他に配分した時の自（自体）を指しています。

第三章第三偈に龍樹は「火は他を焼く」という反論を想定して「火の譬え」と述べていますが、第二偈では龍樹は「自体を見なくても他体を見ることがあろう」という反論を予想していたのです。その反論とは、火はそれ自身を焼かないが、他のものは焼くではないか、あるいは、灯火はそれ自身を照らさないとしても他を照らすという働きがあるではないか、というように視覚器官が自分自身を見ないからといって他を見ないということは正しくない、というものです。

日本において明治以降、仏教思想の理解が西洋哲学との比較において進められた時期がありました。その際、第三章第三偈の火（灯火）の譬えは仏教思想の近代的理解にとって一つの重要な役割を果しました。「灯火は他のものを焼いているが、自分自身を焼いてはいない、ここに灯火の本質がある」というような考え方がしばしば近代日本の思想家より提出されました。「他のものを焼きつつ、焼いているのであるが、一方では自体を焼いていない。ということは、焼いていないことと焼いているということが、一つの場において行われている。これがもののあり方なのである」と理解する人たちがいたのです。わたしは、これはよい解釈ではないと思っています。『中論』第一〇章において同じような問題が出てきますので、その際に改めて考察することにします。
すでに述べたように、第二偈を龍樹が述べた際に当然予想された反論は、「自分を見なくても他を見ている」という意見です。そのような反論に対して龍樹は第三偈で答えます。

3・3　眼の成立を証明するためには、
火の譬えは十分ではない。
眼についてのその譬えは、已に歩まれたところ、まだ歩まれないところ、
および今歩かれているところによって答えられている。

ここでは、自や他のものを見た場合に、すでに見られたものか、まだ見られていないものか、今見られつつあるものかの三つのケースに配分されるであろう、しかしそれらの三つのケースとも見られることはないというのです。この論法は『中論』第二章第一偈において見られたものでした。第二章第三〜五偈では、歩かれるところが「今歩かれつつあるところ」と「今歩かれつつないところ」に分割された後、今歩かれつつあるところと歩くこととの関係が考察されました。「今歩かれつつないところ」に歩くことがないことは明らかですから、龍樹はその論証のために偈を述べてはいませんでした。
第四偈も第二章の論議を踏まえています。

3・4　今見つつない眼は
決して存しないゆえに、
その眼が見るとは
どうしてあり得ようか。

「今見つつない（a-paśyamāna）眼」とは、「今、働いていない眼」という意味です。第二章第三偈以降に「ガムヤマーナ」（踏み歩かれつつある場所）と、「ガマナ」（踏み歩くこと）との関係が考察されました。第三章第三偈は見られる対象を取りあげたのですが、第四偈では「見つつない眼」と見られる対象との関係を問題にしています。「見つつない眼」とは、見ることという働きのない、あるいは持っていない眼のことです。それはすでに眼ではありませんから「見ること」はないのです。ようするに、第三偈は対象を扱い、第四偈は感覚器官の働きを扱っているのです。

3・5　眼は見ない。(1)
非眼は見ない。
眼によって見る者のことも
説明されたと考えるべきである。

羅什訳では「見不能有見（見は見ることあたわず）、非見亦不見（非見もまた見ず）」と述べられ、

「見」という語が使われています。宇井訳（二五六頁）にも「見は見ない」とあります。たしかに「見は見ない。非見は見ない」という訳文は形が整い、『中論』の論議にふさわしいような感じがします。しかし、見が視覚器官であるということを理解している人にはこの訳は理解可能かもしれませんが、「見る作用は見ない」を意味しているとも解釈できます。「見は見ない」という命題は「見には見ることがない」という文章、あるいは、「見る作用には見ることがない」と書き直すことができます。しかし、この書き直された訳文は龍樹の論議を理解するのにふさわしいものではありません。「見は見ない」というときの主語の「見」は、見る働きを所有するもの、すなわち作用の基体でなくてはなりません。「見ない」という述語動詞によって表されているものは基体に属する動作・作用です。第五偈に述べられた二つの「見」は違うものを指しているはずです。このような意味から、この章では、「ダルシャナ」を「見」ではなく「視覚器官」（眼）と訳すことにします。

「眼は見ない」という場合の「眼」は、実在のものと非実在のものへと補集合的に分けられています。実在のもの（実在の眼）と非実在のものが合わされれば論議領域のすべて、すなわち「すべての眼」になります。「眼は見ない」とは「実在の眼は見ない」という意味です。「非眼」とは「非実在の眼」を意味しています。

第五偈後半には、眼の説明によって見る者の場合も説明された、とあります。龍樹は、「見る者は見ない、見ない者も見ない」ということも理解すべきだというのです。「見る者が見ない」というときの「見る者」とは、実在の見る者です。実在の見る者がどうして見ないのか、という質問には、『中論』第二章第八～一一偈の論議が答えています。実在の見ることとは、見ることを有した見る者です。第二章第八〜一一偈の論議に従うならば「見ることを有した見る者が見る」というときには、見ることが二つにあるという不都合なことになります。

青目注羅什訳には「見は見ることがない故に、見を有することあたわず」（大正蔵　第三〇巻　六頁上）とありますが、「見相」という語も見られます。「非見もまた見ず。見相なきがゆえに」（大正蔵第三〇巻　六頁上）ともあります。また青目注には「眼が見るならば、すなわち見の中に見相ありて、見者に見相なきなり」とも述べられています（大正蔵　第三〇巻　六頁上）。「見相」とは、見る作用ではなく見た結果としての「相」という意味と考えられます。「手相」や「墓相」などの場合のように形に表れていなければ「相」という言葉は使用されません。一般に見る対象に現れてくるイメージあるいは像を「相」と呼ぶからです。「相」という訳語は羅什の考え方の特徴を知る場合の重要な手がかりとなります（[立川　二〇二一b：一三二]参照）。

三　見る者も見る作用も存在しない

3・6　眼を除いても除かなくても
見る者は存しない。
見る者がないゆえに
見られるものも見る作用もない。

　この偈において龍樹は十二支縁起に言及しています。無明から始まって老死に終わる十二支縁起の説は、すでに初期仏教の経典（ニカーヤ）に見られ、龍樹の頃には確立していました。『中論』第二六章では、第三章におけるとは異なった観点から十二支縁起を扱っています。以下、十二支縁起をまず簡単に説明しておきましょう。

　第一項（支）の無明とは、無知、智慧の欠如のことですが、智慧の欠如というよりも迷いを意味します。第一項の無明に依って第二項の勢い（行）あるいはエネルギー、勢いが生じます。仏教では世界が根本原理あるいは創造主から生まれるとは考えられていません。第二項の勢い（行）はいまだ身体と呼ぶことのできるような統一体ではありません。

　第二項の勢いに依って第三項としての心的作用である識（認識内容およびその作用）が生まれます。第三項によって第四項である名色（名称と物体）が生まれます。第五項の六処は、心作用が「入ってくる」六つの場（眼、耳、鼻、舌、皮膚、意）です。十二支縁起の中の六番目の項が第七偈に述べられる触（感官と対象との接触）です。

　第七の項である受において寒暖や好悪の感じが生じます。この段階では複雑な心的作用はまだ見られません。第八項の愛は基本的な煩悩です。渇愛が最も強力な煩悩です。第九の取の段階において人は自分の感官と認識を用いて周囲から貪欲にさまざまな情報、経験等を取りこみ、それに執着します。第一〇番目の項の有は、今まで取り込まれた情報や行為の総体を指しています。第一一の生は「生まれること」「生まれかわる苦しみ」とも解釈されます。この項についてはさまざまな解釈があります。「有情がある前世（第一～二項）と来世（第一一～一二項）のことを述べているという説もあります。

有情の部類に生まれることでもあれば、日常生活において、ある経験が生ずることでもある」ともいわれています［水野　一九七二：一七三］。第一二番目は老死です。確かなことは、一つの個体において、生命が生まれて、認識作用が生まれ、活動をはじめて、そして死ぬことを述べていることです。

十二支縁起はコンピューターの「一生」に譬えられます。それぞれのコンピューターにははじめにシステムつまりOSが組み込まれます。次にワードとかエクセルとかのソフトがインストールされます。ユーザーはそれぞれの用途に従って、コンピューターに情報を打ち込みはじめます。第八番目、第九番目の項に当たる時期では多くのデータを取り込みます。第一〇項辺りではフルにデータがある状態です。しかし、次第にデータが古くなり、第一二番目でコンピューターは動かなくなります。人に死が訪れるように、コンピューターのシステムにもかならず終わりがあるのです。

龍樹は、感覚器官と対象の問題から論じ始め、十二支縁起のもろもろの項目を否定しようと試みます。第一偈から第六偈までには、十二支縁起の項目としては第四支（項）と第五支（項）が登場するのみです。名色が境に当たり、六処は感覚器官に当たります。第七偈までは見るものについて論じられているのですが、第八偈では、耳、鼻、舌、皮膚、意も同じように理解できると述べられています。

第三章第七偈にある「識等」とは、第三、第六、第七および第八の支（項）を指しています。「根」と「境」は第四項と第五項に当たります。「取等」とは第九〜一二項のことです。識、触、受、愛という十二支縁起における四項を、龍樹は感覚器官とその対象の関係から捉えています。したがって、「見られるものと眼（ダルシャナ）がない」という第七偈第一句を根拠として、それら四項の無を主張しているのです。

第七偈の前に、

子どもが生ずるのは父母によると言われるように、
識の生ずるは眼と識によると説かれている

という偈が、月称注（プサン版　一一八頁）などのいくつかの注釈書に『中論』の偈として入れられていますす。しかし、ドゥ・ヨングの版にも青目注羅什訳にもありません。おそらく後世に挿入されたのでしょう。(2)

3・8　耳、鼻、舌、
皮膚、意も
聞く者（人）や聞かれるもの（対象）も
眼によって説明された。

耳、鼻、舌、皮膚、意は感覚器官です。第三章七偈までに考察されてきたのは眼すなわち感覚器官でした。もっともここでの感覚器官は作用と近いものでありました。渡辺訳（一八頁）では「見る作用」と訳されています。

注

（1）　この偈の第一句のサンスクリットは paśyati darśanaṃ naiva です。この命題の主語 darśanam は動詞√paś からではなくて動詞√dṛś から作られています。これらの二つの動詞（√paś と √dṛś）はどちらも「見る」を意味します。動詞√dṛś からは受動形 dṛśyate（見られる）が作られますが、動詞√paś からは受動形が作られません。『中論』第二章第一偈に述べられた「已に歩かれたところは歩かれない」（gataṃ na gamyate）という命題では、主語も述語も同じ動詞から派生した語が用いられていました。おそらく龍樹はこの偈において第二章第一偈におけるように、動詞√dṛś という動詞から作られた「ダルシャナ」（darśana）という語を用いて「ダルシャナが見る」と述べたかったのでしょう。しかし第三章では主語と述語とも同一の動詞から派生した語によって文章が作られてはいません。

（2）『宝行王正論』（ラトナーヴァリー）（四・五五）には同内容の文があります［瓜生津 一九七四a：二九三］（三枝訳、一六五頁）。

第四章　構成要素（蘊）の考察──原因と結果──

一　物質（色）とその因の関係

第四章は物質（色）と物質の因との関係を扱っています。物質（色）とは、色《しき》・受《じゅ》（感受）・想《そう》（初期的観念）・行《ぎょう》（精神的慣性）・識《しき》（認識）という五構成要素（五蘊）の最初のものを意味するのですが、第一偈から第六偈までは、物質とその原因との関係を扱っています。その考察の目標は、物質等の五構成要素が存在しないことの論証です。第七偈は五構成要素の第二から第五までの受・想・行・識を扱っていますが、この偈は五構成要素それぞれの項とその原因との関係について述べています。第八偈および第九偈は第四章の主要な論議に対する補遺です。

ここで色・受・想・行・識の五構成要素について簡単に説明をしておきます。本書では「ルーパ」（色）を物質と訳しています。ルーパは色・形あるものとは限りません。光も「色」なのですが、それは色・形なきものだからです（アビダルマ仏教における色については、［櫻部　一九六九：九三〜九八］参照）。

「受」とは感受のことです。例えば、熱いものを触ったときに、「熱い」と思う間もなく手を引きます。この場合のような言葉になる前の感覚、これを初期仏教においては受といいます。第三の要素は「想」です。暗闇で何者かを認識した瞬間、人間なのか着物が掛けてあるのか、まだわからないというような場合、「あっ、着物だ」と分かる直前の「あっ、き……」といった認識の原初的段階があると、初期仏教では考えられました。「着物」という概念ができる前に、一つの初期的な観念が生まれている段階があると考えられたのです。これを「想」といいます。「行」は後で説明します。第五の「識」とは認識のことです。「この物質は熱い」、「あれは着物だ」というような命題によって表される認識を「識」といいます。

「行」とは元来、勢いのことなのですが、記憶とか意欲などが行に含まれます。後世、「色」「受」「想」「識」以外のものは「行」と考えるという約束ができました。それゆえ、行のなかにさまざまなものが入っているのです。「行」は精神的慣性ともいえます。「色」(物質)以外の四元素は心的なものです。

「受」と「想」は初期仏教においては、まだ言葉にならない感受性と単純観念だったのですが、後世、アビダルマ仏教が整備された頃には、意味が変わりました。「受」とは、「熱い」とか「冷たい」といった感受のことであり、想とは「着物」、「本」などといった簡単な観念をも「想」というようになりました。

「蘊」(スカンダ)とは、まとまり、塊という意味です。ここではスカンダを「(世界の)構成要素」と訳していますが、「蘊」という語そのものには構成要素という意味はありません。初期仏教には宇宙的な世界観はありませんでしたが、これはブッダの考え方を受け継いでいるのです。仏教誕生以前から編纂されていたウパニシャッド聖典群では、宇宙論的な世界観が考えられていました。仏教の立場では、個々人に備わっている感覚器官（眼、耳、鼻、舌、皮膚）の対象が五構成要素と呼ばれます。感覚器官を通じて得られた認識によって再構成されたものが、ブッダさらには初期仏教にとっての世界でした。ブッダはいわゆる宇宙を考えるのではなく、自分の感覚器官によって見ることができた周囲世界を問題にしたのです。これが仏教の世界観の出発点であり、その後のアビダルマ仏教、中観仏教あるいは密教においてもこの五構成要素という考え方が仏教徒の考える世界観の根幹にあります。

第一偈は物質と物質の原因との関係を扱っています。

4・1

物質（色）の原因を離れた
物質は見られない。
物質を離れた
物質の原因もない。

この章では物質と物質の原因との関係の考察を通じて、原因と結果との一般的考察を目指しています。物質の原因を離れた物質もなく、物質を離れた物質の原因もないというように、物質と物質の原因の関係が問題にされています。物質の原因をAとし、結果である物質をBとしますと、Aを離れたBと、Bを離れたAがこの偈において述べられているのです。この偈には述べられていませんが、Aを離れないBと、Bを離れないAも想定されていたと思われます。

原因と結果との関係は、両者が互いに離れている場合と離れていない場合に分けられるけれども、以下の四つの可能性があるがそれらのすべては否定されると、龍樹は考えていました。

（1）原因を離れて結果はなく、
（2）結果を離れて原因もなく、
（3）原因を離れなくて結果もなく、
（4）結果を離れなくて原因もない。

第一偈前半の「Aを離れたBはなく、Bを離れたAはない」はAとBとの相互関係を示しているにすぎないゆえに、（1）から（4）までの四ケースを考える必要はない、と考える人がいることでしょう。しかし、『中論』では「Aを離れたBはない」と「Bを離れたAはない」は内容が異なると考えられています。関係を構成する要素の間の方向（「AからBへ」と「BからAへ」）が異なるからです。「AはBに依り、BはAに依る」というように両者の相互関係が肯定的に述べられる場合には補集合的配分が行われないゆえに、これらの二つの命題のみで十分なのですが、両者の関係が補集合的に配分される場合には上述のような否定形の四命題が必要なのです。

原因を離れて結果はなく、結果を離れた原因もありません。これはアビダルマ仏教もヒンドゥー教の哲学学派も認めることです。ただ「原因があって結果がある」という立場では、まず原因が存在して、結果が存在しないこと（あるいは時間）もあり得ます。例えば、ヒンドゥー教のサーンキヤ哲学では根本物質（プラクリティ）がまずあって、次にそれの展開の結果としての世界が現れると考えられています。根本物質は世界あるいはこの現象世界の原因です。まだ展開していないときには原因のみがあって、結果はまだ存在しません。そのような状態あるいは時間の存在をサーンキャ学派は認めます。

原因と結果が互いに離れてあり得ないことは一般的に認められています。龍樹はこの一般的理解を少なくとも一度は否定しようとします。空を体得するためには「少なくとも一度」言葉は否定され、その後で言葉は「蘇る」からです。この蘇りについては第二四章第一八偈を考察する際に改めて述べることにします。

初期仏教以来、すべての色（物質）が四大元素（地・水・火・風、四大種、マハーブータ mahābhūta）および四大元素の集合より成り立っていると考えられています。その場合、四大元素が物質の原因であり、四大元素の集合が結果です。第一偈において龍樹は四大元素が原因であり、四大元素の集合としてのモノが結果であるという考え方を反論として想定しています。仏護の注釈は第一偈における物質の原因とは四大元素（地・水・火・風）のことである（北京版西蔵大蔵経　第九五巻　八一頁三葉七～八行）と述べていますが、四大元素の集合については何も語っていません。

アビダルマ仏教を代表する学派である説一切有部（有部）では、元素と元素によって作られたもの（大種所造）とが同時に存在すると考えられています。したがって、因である元素と果である元素所造とは別個のものとして存在しているように見えます［山口訳2、一九四九：一二二］。龍樹はそのようなアビダルマ仏教の考え方を第二～三偈において批判します。彼は第二偈において果（物質）の非存在を、第三偈において因（元素、大種）の非存在を論証しようとします。

4・2　物質の原因を離れた
　　　物質があれば、物質は
　　　無因となろう。何ものもどこにも
　　　無因のものはない。

原因を離れた結果があれば、結果は意味のないものになろう、というのです。第二偈は第一偈に対する説明です。

4・3　もしも物質を離れた
　　　物質の原因があれば、
　　　結果のない原因が存することとなろう。
　　　だが、結果のない原因はない。

第二偈と第三偈は対をなしています。第二偈では「原因を離れた結果があれば」と述べられ、第三偈では「結果を離れた原因があれば」とあります。第二偈と第三偈では、原因と結果の関係が「原因を離れた結果がある場合」と「結果を離れた原因がある場合」とに分けられています。龍樹は、「因を離れない果がある場合」と「果を離れない因がある場合」も想定していたと思われます。

第四偈においても物質とその原因との関係が考察されています。

4・4　物質のあるとき
物質の原因はあり得ない。
物質のないとき
物質の原因はあり得ない。

ここでは物質と物質の原因の関係を、物質があって物質の原因がある場合と、物質がなくて物質の原因がある場合とに分けています。第四偈の内容は、

物質（結果）があるときに　物質の原因は　なく、
（ルーペー　サティ）
物質（結果）がないときに　物質の原因は　ない、
（ルーペー　アサティ）

と書き換えることできます。「物質があるとき」と「物質がないとき」への配分が行われていることがいっそう明確に分かります。
「ルーペー」とは「ルーパ」の於格（locative）です。「サティ」とは「存在する」（√as）という意味の動詞の現在分詞の於格です。「ルーペー　サティ」というように二つの於格が並んだ場合には「物質があるときは」という意味となります。「アサティ」（存在しないときに）とはここに述べた動詞の

現在分詞「サティ」に否定詞（a-）が加えられたものですが、「物質がないときは」を意味します。物質（結果）が存在するときにも物質の原因はなく、物質が存在しないときにも物質の原因はない、というように両方の可能性の否定が述べられているのです。

第五偈も物質とその原因の関係を扱っています。

4・5　原因のない物質は
あり得ない。理に合わないから。
ゆえに、物質に関するいかなる判断も
なされるべきではない。

第四偈において物質の原因は存在しないと証明されました。それに基づいて第五偈では、原因のない物質はあり得ないと述べています。この偈は、原因および結果についていかなる判断もしてはならない、と述べていると解釈できます。因果関係を想定することは正しくないというのです。

第六偈はこれまでとは異なった方法によって原因と結果の関係を扱っています。

4・6　原因に相似の
結果があることはあり得ない。
原因に非相似の

結果があるとはあり得ない。

第六偈は次のように書き換えることができますが、この方が偈の内容は理解しやすくなります。

原因に　相似の結果は　なく、
原因に　非相似の結果も　ない。

第六偈では、原因と結果との関係を、原因が結果に似ている場合と似ていない場合というように補集合的に分けています。「相似」という言葉には「非」という語を加えて「非相似」という語を作ることができるので、ここでは「相似」「非相似」という訳語を用いています。「似ている」および「似ていない」と訳しますと、『中論』の論議の理解がかえって難しくなります。

龍樹は『中論』において名辞の否定と命題の否定という二種類の否定を区別しています。例えば「彼はバラモンではない」という否定命題は、「彼はバラモンである」という肯定命題を否定しています。一方、「彼は非バラモンである」という命題は、彼がバラモン以外の人、例えばクシャトリア（武士）であることを肯定しています。この場合、「非」という否定詞は「バラモン」という名辞を否定しているのであって、「彼はバラモンである」という命題を否定しているわけではありません。

もう一つ例を挙げてみます。「わたしは豚肉を食べない」という文章と、「わたしは非豚肉（豚肉以外の肉）を食べる」という文章を考えてみましょう。「わたしは豚肉を食べない」という否定命題は、

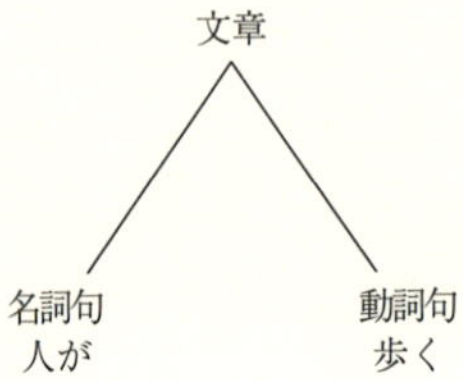

図４・１　「人が歩く」という文章の樹形図

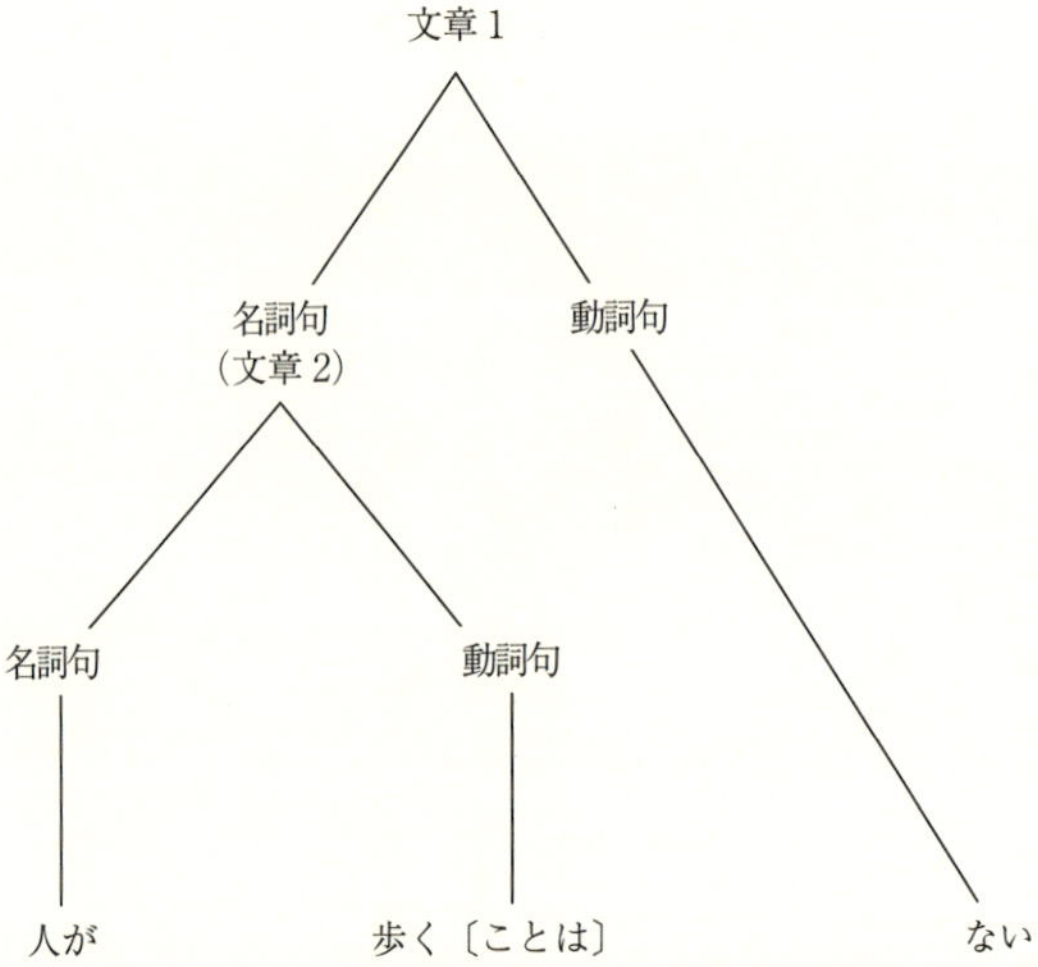

図４・２　「人は歩かない」という文章の樹形図

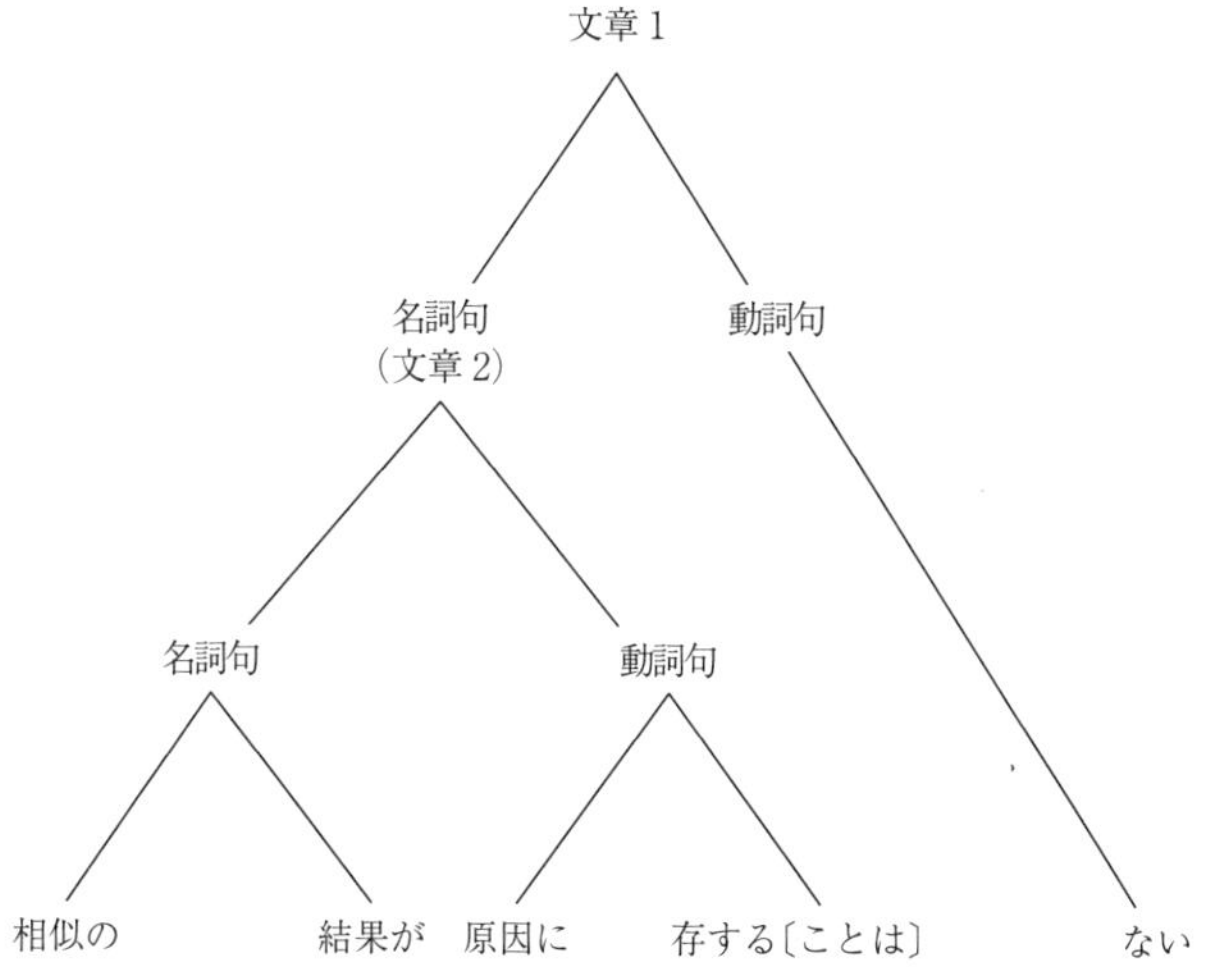

図 4 ・ 3　「相似の結果が原因に存することは、ない」という文章の樹形図

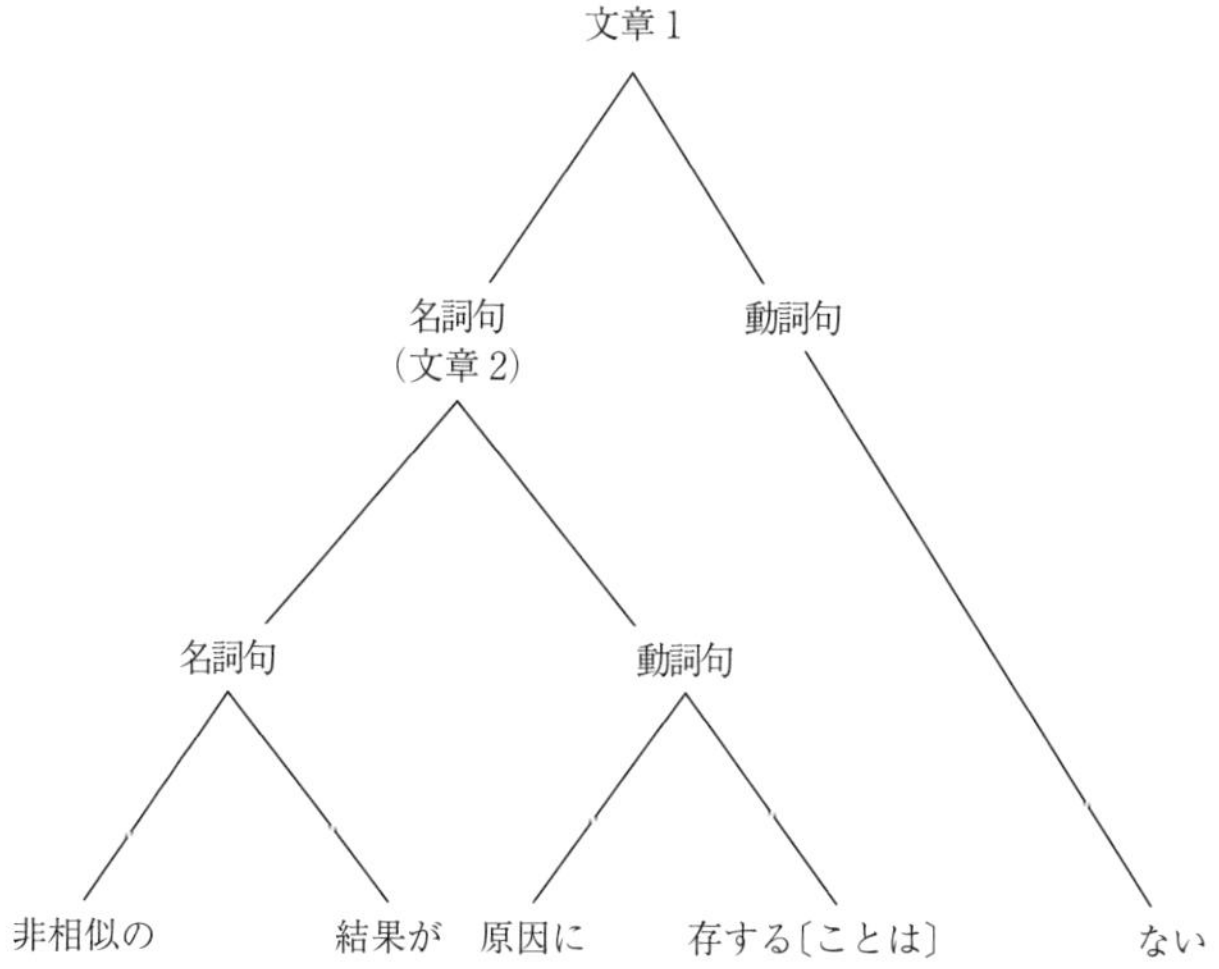

図 4 ・ 4　「非相似の結果が原因に存することは、ない」という文章の樹形図

豚肉を食べるという行為を否定しています。文章の否定とは、文章の中の述語動詞が示す動作の否定なのです。「わたしは非豚肉を食べる」は、豚肉以外の肉を食べることを肯定しています。ようするに第六偈は、似ている原因のみならず似ていない原因も結果にないゆえに、原因と結果はないと述べているのです。

近年の変成文法では文章の構造を明示するために樹形図（トゥリー・ダイアグラム）と呼ばれるものを用いています。この図は文章が名詞句と動詞句より成っているという前提に立っています。例えば、「人が歩く」という文章にあっては、「人が」が名詞句であり、「歩く」が動詞句です。これを樹形図を用いて図示すれば図４・１のようになります。

「人が歩かない」という否定文は「人が歩くということは、ない」と解釈できます。変成文法にあっては、一般に命題を否定する詞は動詞と同じような扱いを受けます。したがって、「人が歩くということは、ない」は図４・２のように表されます。

次に第六偈前半の「原因に相似の結果があることはあり得ない」を「相似の結果が原因に存することは、ない」と書き換えて、その内容を図示してみましょう（図４・３）。ここでは「相似の結果が」が名詞句、「原因に存する」が動詞句と考えられます。

第六偈後半（非相似の結果が原因に存することは、ない）は図４・４のように示されます。

第六偈後半の「非相似の結果」における「非」は「結果」の領域を否定しているのであって、命題の否定を意味する「ない」を否定しているのではないことを図４・４は明確に示しています。

二　これまでの考察の適用

第七偈ではこれまでの物質とその因との考察方法が適用されます。

4・7　感受（受）、心（識）、表象（想）、
心的慣性（行）など
すべてのものもあらゆる場合において
次第は物質の場合と同じである。

今までに述べてきた物質（色）の考察が物質以外の構成要素にも適用できると龍樹は主張します。

三　空性への反論への批判

4・8　空性の原理を用いて〔反論者の説の〕論難がなされたとき、
ある人がそれに異論を唱えるようなことがあっても、
その人にとってすべては異論として成り立たない。
その異論は論証されるべきものと等しくなるから。

月称注は次のように述べています。

この場合、批判は反論者の主張（パクシャ）を非難することである。〔論争の〕根拠としての空性を用いて「色は無自性である」というように有自性論者がすでに論破されているときに、もしも反論者が「まず受等は存在する。そのように物質も存在する」と異論をとなえたとしよう。その場合、彼（反論者）にとって彼のすべて〔の主張〕は反論として成り立たない。なぜなら、受等が存在することも、〔反対論者にとっての〕論証されるべき（サードゥヤ　sādhya）色等の存在と等しいと知られるから（プサン版　一二七頁）。

今、引用した月称注には「〔反対論者にとっての〕論証されるべき色等の存在」とありますが、ここで反対論者は色等が存在すると論証しようとしていますので、論証されるべきこと（サードゥヤ）は色等の存在です。反対論者が、「受等が存在するから」という理由によって色等の存在を論証しようとしても、色等の存在はすでに論破されているのであるから、反対論者にとって「受等が存在する」という主張は反論として成り立たないと龍樹は主張するのです。

第八偈は反論者の説を批判した場合の反論者の反応について述べ、次の第九偈は龍樹自身の説を説明した場合の反論者の反応について述べています。

4・9　空性の原理を用いて〔自説の〕解説がなされたとき

　　ある人がそれを非難するようなことがあっても、
　　その人にとってすべては非難として成り立たない。
　　その非難は論証されるべきものと等しくなるから。

第八偈において「論証されるべきもの」は反論者が論証しようとしているものを意味しましたが、この第九偈においては龍樹の主張を指します。

月称は自注の中にデーヴァダッタ著『四百論』（八・一六）を引用しています。

　一つのものを見る者はすべてのものを見る者であるといわれている。
　一つのものの空性はすべてのものの空性である［Lang 1986: 82-83］。

空性の理論に基づいて一度あることが証明されたならば、その証明に対する非難は元の証明へと議論を引き戻すのみであるというのです。

第四章第五偈の「物質に関するいかなる判断もなされるべきではない」とは、物質に対してわれわれがどのように主張しようとしても、それは原因と結果というような論理で成り立っている言葉の世界は真実のものではないということです。これがこの章の結論です。ただ、この章では龍樹は原因と結果というような論理で成り立っている言葉の世界が止滅された後については語っていません。言葉が止滅した後の蘇りについては第二四章第一八偈において述べられています。

第五章　元素（界）の考察——特質と特質づけられるもの——

一　虚空とその特質との関係

第五章は元素（ダートゥ）の考察です。ダートゥは、羅什訳では「種」と訳されましたが、漢訳の伝統では「界」という訳語が一般的です。ここでは「元素」と訳すことにします。元素とは地、水、火、風、空（虚空）、識（認識）の六つです。この章は、それらの六要素が実在しないことを述べようとしています。地、水、火、風、空を五大と呼ぶことがあり、その場合は識を数えないのですが、この章では識を入れた六つの界あるいは元素が扱われます。

この六元素の概念は、また称友の『倶舎論疏』にも「ビクよ、六界はプルシャ（人）である」と〔経典に〕いわれている」というように用いられています［Swami Dwarikadas Shastri 1970:78］、［荻原訳　一九三三：八九］（山口訳2、三五頁）。『倶舎論疏』におけるここの論議の要点は、六界が生命の基体（アーダーラ）であるゆえに、六界は存在するというものです。

月称注のプサン版脚注（プサン版　一二九頁）に指摘されているように、『大乗集菩薩学論』（シュクシャーサムッチャヤ）に引用されている『ピトリプトラサマーガマ』にも『倶舎論疏』と似たような文、すなわち「大王よ、この六界はプルシャ・プドガラである」が見られます。(1) 後世、空海は世界の構成要素として六大という概念を用いています。

『中論』第一章ではものと生ずることが扱われました。どのようなものにも生ずることはないというのが第一章のテーマでした。第二章のテーマは、いかなる人もいかなる場所をも踏み歩くことはない、ということでした。その章では、踏み歩かれる道路と踏み歩く動作との関係、歩く人と歩くことの関係が問題になりました。第三章では、見られるものと見ること（見る作用）あるいは、感覚視覚器官とその対象の関係が考察されました。第四章では原因と結果という関係にある二つのものが取りあげられました。

第五章で扱われる「地、水、火、風、空、識」という諸元素には、先行する四つの章に見られたような、二つの相対するものが見当たりません。これまではものと生ずることとか、人と歩くこととか、見るものと見ることとか、原因と結果というような「縁起の関係にある二つの項」が取りあげられていました。龍樹は第五章において第五要素である虚空を取りあげるのですが、虚空のみを取りあげてもこれまでの章におけるような論議はできません。したがって、龍樹は、虚空を特色づけているもの（虚空にあって他にはない特質）とその特質によって特質づけられるもの（虚空）という二項を取りあげます。このようにして龍樹は、この章における「縁起の関係にある二つの項」として特質（ラクシャナ lakṣaṇa）と特質づけられるもの（ラクシュヤ lakṣya）という二つのもの、すなわち、能動的な働きをする相（能相）と受動的な相（所相）との関係を取りあげます。

特質とは何でしょうか。インド哲学では「牛の特質は、牛の喉の下に垂れ下がっている肉（垂肉、サースナー）である」といわれます。垂肉は牛にあり、牛以外のものにはありません。「ラクシャナ」とは目印という意味です。その目印があることによって特質づけられるものが理解されるのです。漢訳では「相」と訳されてきました。

インドにおいてラクシャナ（相）とは特質あるいは特徴であって、命題のかたちで述べられる定義（definition）ではありません。「牛とは垂肉を持つ動物である。あるいは垂肉を有するものである」という命題あるいは文章が牛の特質（ラクシャナ）ではないのです。

すでに見たことですが、第四章までの論議にあるように、歩く人と歩くこととか、見る器官と見ることとか、あるいは見られることと見ることとのような縁起の関係にある二項を取りあげて、はじめて『中論』における龍樹の議論は可能になります。「虚空」とか「火」とかいうのみでは、ものの働きと働きを受けるものとの関係は成立しません。空（虚空）の特質とその特質の働きを受けるものという二つの項が取りあげられれば、歩く人と歩くことの関係と同じように、縁起の関係を問題にすることができるのです。

サンスクリットにあっては、日本語でわれわれが理解するような「存すること」と「存するもの」とを異なる単語によって区別しているわけではありません。「バーヴァ」（bhāva）という言葉は「ブー」（√bhū　成る）という動詞から派生した名詞ですが、これは存することのみではなく存在するものも指します。もっともドイツ語の sein（存すること）と das Seiende（存在するもの）とが表現するような区別をサンスクリットで表現することは可能です。しかし、龍樹はその種の区別にはほとんど関わらなかったようです。この章では、「バーヴァ」（bhāva）を「もの」と訳すことにします。インド哲学においてアバーヴァ（a-bhāva）とは存在の否定、欠如です。これは一般に「無」と訳されてきました。

ヒンドゥー教の中の実在論哲学を提唱するヴァイシェーシカ学派では、後世、「言葉の対象」（句義　パダ・アルタ　pada-artha）がバーヴァとアバーヴァとに分けられると考えられました。パダ・アルタは、文字通りには「言葉の対象」を意味するのですが、ここでは哲学的術語であって、言葉の対象としての存在一般を指しています。英語ではキャテゴリー（category）と訳されることがしばしばです。この概念は『中論』のなかには見られませんが、龍樹によれば、言葉の対象はどのようなものであれ、それは否定されるべき運命にあります。

インドの実在論哲学では無（アバーヴァ）も言葉の対象つまり言葉で表現できるものです。例えば、今ここに犬がいない場合、ここには犬の非存在が存すると実在論者たちは考えます。このような意味で犬の非存在が言葉によって表わされると考えられるのです。また、「この時計は犬ではない」は「この時計には犬との同一性の非存在（無）がある」と表現されます。

『中論』においてバーヴァ（bhāva　存在、もの）とアバーヴァ（a-bhāva　欠如）という概念が用いられていますが、バーヴァとアバーヴァを合わせて全世界になると『中論』では考えられています。龍樹によれば、あるものが存在するならば、それはもの（バーヴァ　有）か無（アバーヴァ）かのどちらかなのです。古代インドでは一般にバーヴァ（有）とアバーヴァ（無）との和を指し示す語も「バーヴァ」（有）と呼ばれます。実在論を提唱するヴァイシェーシカ学派は、有と無を合わせて「有」と呼び、無もまた有の一部であると考えました。欠如の意味のアバーヴァもまた言葉によって表現できるものであるという意味で有（有なるもの）であったのです。

第五元素である虚空の特質は、妨げのないことです。アビダルマ哲学やヴァイシェーシカ学派において机は地の元素でできていると考えられますが、地の元素でできているものは向こう側に突き抜けることはできません。一方、虚空には突き抜けることを妨げるものは何もありません。この妨げにならないことが虚空の特質だと考えられています。妨げるもののないことが虚空の特質（ラクシャナ）であり、その特質によって特質づけられるものが虚空なのです。

第一偈では、まず特質とその特質づけられるものである虚空との前後関係が考察されます。

5・1　虚空の特質より以前に
　　いかなる虚空も認められない。
　　もしも特質より以前に〔虚空が〕あるならば
　　それは無特質のものとなろう。

この偈においては虚空が特質づけられるものです。第三句では「もしも虚空の特質より以前に〔虚空が〕あるならば」というように、「虚空が」という語を補って読むべきです。これまでの章では二つの項の前後関係が問題にされることはありませんでした。二つの項の前後関係はこれまでに扱った法・有法関係と同様に扱うことはできませんが、似たような図を用いて考察することはできましょう。前後関係を考察する場合には少なくとも異なった二つの時点を図示するための二つの図が必要となり

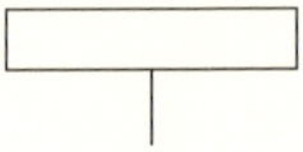

時間2

図5・1b 特質が虚空と切り離されている場合

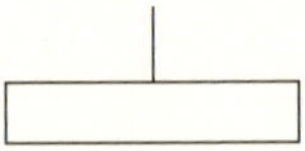

時間1

図5・1a 特質より以前に虚空がある場合

ます。虚空とその特質とは、法・有法関係の図（第二章の図２・２）と同様、特質は上の長方形によって示され、特質づけられるものは下の長方形によって示すことができます。特質は上に書き、特質づけられるものを下に書くことにしましょう。

図５・１ａは特質より以前に、つまり離れて虚空がある場合を描き、図５・１ｂは特質が虚空と切り離されている場合を描いています。

この図５・１ａでは上方にあるべき法に当たる特質が描かれていません。図５・１ｂでは特質づけられるものである虚空は下方に見当たりません。

第一偈前半には「虚空の特質より以前にいかなる虚空も認められない」とありました。ここでの龍樹の意図は「虚空の特質があってはじめて虚空が特質づけられるゆえに、特質より以前にいかなる虚空もない」ということです。もし特質より以前に虚空があるならば、虚空そのものにはその特質はないことになります。

反論者に従えば、特質は特質づけられるものにかならず存在しており、それは特質づけられるものとは別個の存在です。龍樹は特質と特質づけられるものとは別個のものではないと考えて、「特質づけられるものに特質がある」という考え方を批判します。この論議は、第二章における、歩くことと歩く人との論議と似ています。歩くことと歩く人が別個のものであり、かつ、歩くこと以前に歩く人があれば、その人自体には歩くことはないことになります。

しかし、「特質」という概念が成立するためには「特質づけられるもの」が想定されていなくてはなりません。また「特質づけられるもの」が成立していなければ「特質」という概念そのものが成立しません。このようないわば堂々巡りはわれわれの思考の根底にあるのですが、龍樹はこの堂々巡りが空性においては少なくとも一度は断ち切られるべきだ、と主張するのです。もっとも空性に至った言葉は仮説として蘇るのですが、この蘇りについては、第八章第一二偈、第二四章第一八偈などを読むときに改めて考察します。

第二偈では第一偈からの議論が続いています。

5・2　無特質のいかなるものも
　　どこにもない。
　　無特質のものがないとき
　　どこで特質は働くのか。

もしも虚空の特質以前に特質づけられるものである虚空が存在するならば、そのような虚空は特質を有していません。しかし、特質づけられるものを有していないものはどこにもありません。ここで龍樹はものには必ず特質があるはずだという前提に立っています。注目すべきことは、龍樹自身、ここでは「ものには特質がある」といういわば世間的、一般的常識に従っていることです。反対論者は「われわれははじめからそのことを主張しているのだ」というでしょう。「特質が特質より後に虚空がある」という場合も考えられていますが、「後に」とは特質がすでに働きを終えてしまって特質としての価値を失ってしまった後に虚空がきても、という意味です。

「いかなるものもどこにもない」というときには、前にせよ後にせよ、特質から離れたものは無特質のものであると指摘し、次に特質のないものは世の中には存在しないというように龍樹は論議を進めます。特質がないようなものに対して特質は働きようがないのだというのです。

次に「特質が存在し、かつ虚空も存在する場合もあるのではないか、つまり、前とか後とか、に関係なく、ともかく特質を有している虚空が存するのである」という反論が想定されます。これに答えて龍樹は、次の第三偈において前後の視点とは別の視点から、「特質を有する場合」と「特質を有しない場合」という配分を通じて議論を進めます。

5・3　無特質のものにも有特質のものにも
　　特質の働きはない。
　無特質のものと有特質のもの以外の
　他のところにも、その働きはない。

この偈の内容は次のように書き換えられます。

(1)　無特質のものに　　特質の働きは　ない。
(2)　有特質のものに　　特質の働きは　ない。

（3）無特質のものと
　有特質のもの以外の
　他のところにも　　　特質の働きは　ない。

ここではものが（1）無特質のもの、（2）有特質のもの、（3）無特質のものと有特質のもの以外のもの、の三つに配分されています。ここで「もの」という論議領域は無特質のものと有特質のものへの補集合的配分を受けています。無特質のものおよび有特質のもの以外には実質的な領域は与えられていません。これは第二章第八偈に現れる「歩行者、非歩行者、歩行者と非歩行者以外の第三者」に見られる三者への配分と同様です。

ものが存するならば、それは特質を有しているものか有していないものかのどちらかであろう、とまず龍樹は反論者にいいます。反対論者がその配分を認めると、次に龍樹は、「特質づけられるもの（虚空）に特質がある場合には、特質づけられるものそのものに特質の働きはない」と主張します。

この論法は第二章第三～五偈の論議と似ています。第二章は、歩くことと歩く人との関係を扱っていました。「歩く人に歩くことがある」と反論者がいうのに対して、龍樹は答えます。「歩く人に歩くことがあるならば、歩く人そのものには歩くことはないことになる。これと同様に虚空に特質があるという場合、特質づけられるものそのものである虚空そのものには特質はない」というのです。

ある反対論者は次のように主張したことでしょう。「特質と特質づけられるものとは完全に別個のものだと、龍樹よ、あなたは考えているようだが、わたしたちはそうは考えない。特質は特質づけられるものの中に含まれており、両者は分かちがたい状態にあるのだ」と。この種類の反論に対して龍樹は問題にしていません。この種の反論は龍樹の考え方に近いものであり、『中論』における諸章に見られる論法では片付かないものを含んでいます。このような反論を龍樹が『中論』のなかで取りあげていたならば、『中論』の論議はかなり異なったものとなっていたと考えられます。

「人が歩く」という場合、人と歩くこととはまったく無関係に存在しているという実在論者の前提に立つならば、人そのものには歩くことはない、と考えることは可能です。「人が歩く」というとき、「人」の中には「歩くこと」は含まれていません。それゆえ実在論的立場に立つならば「人そのものは歩くことはない」という主張は一応成り立つようです。しかし、龍樹は「人が歩く」という命題をそのまま自身の論議の対象とはしません。「人が歩く」という場合の人は実在の歩く人か非実在の歩く人かに分割し、その両方のケースを否定するのです。このような補集合的分割を経なければ龍樹の反論者に対する批判は始まらないのです。

第四偈は次のようです。

5・4　特質が働かない場合には
特質づけされるものはあり得ない。
特質づけされるもののあり得ないときには
特質もあり得ない。

第四偈前半では「特質が働かない場合には特質づけられるものがない」とありますが、それを踏まえて偈後半では「特質づけられるものがないとき、特質もない」とあります。ここで龍樹は「A（特質）が機能しないところではB（特質づけられるもの）はなく、BがないゆえにAもない」と述べています。反論者はA（特質）が機能しないかもしれないが、Aが機能しないと述べただけではまだAの無は述べられていない、Aそのものは実在するかもしれない、と考えることでしょう。月称注ではそのように解釈されています（プサン版　一三一頁）。Aが機能しないこととAの存在しないことが区別されているのです。

この反論に対して龍樹は、Bがあり得ないゆえにAも存在しない、と述べているようです。しかし、これでは反論者の満足する回答ではないでしょう。月称のように解釈するならば、「Bがあり得ない」は「A（特質）が機能しないとき」という条件の付いている必要があり、「常にBはあり得ないこと」が証明されているのではありません。偈後半において月称注は、偈前半に対して予想される反論に対しては明確な回答を与えてはいません。

仏護は第四偈前半の注において月称注とは異なる解釈をつぎのように述べています（北京版西蔵大蔵経　第九五巻　八三頁五葉三～六行）（ワレーザー版　七三頁）。

〔龍樹が主張する。〕特質が機能しないならば、特質の基体もあり得ない。すなわち、あなた〔反論者〕が特質を有することによって界が存すると証明した〔と考える〕ならば、その特質を有するものも特質が機能しないゆえに存在しない。それ（特質）がないとき、あなたのいうどのような特質の基体もあり得ない。

反論者がいう。まず、特質は存在する。特質が存するゆえに特質の基体も存在するのである。

〔龍樹が第四偈後半に〕答える。特質づけされるもののあり得ないときには、特質もあり得ない、と。

〔仏護が解釈する〕

この場合、特質の基体に依って特質が存するというならば、特質の基体もあり得ない。特質の基体がないとき、基体のない特質がどうしてあり得ようか。それゆえに特質もまたあり得ないのである。

このように、仏護は月称注におけるようには、特質が機能しないことと特質の非存在との区別には関わっていないようです。

第四偈を踏まえて第五偈が述べられます。

5・5　ゆえに、特質づけされるものはなく、
特質も存しない。
特質づけされるものと特質を離れたものもない。

第五偈では第四偈の内容をくり返してこれまでの議論を纏めています。この偈では虚空の特質づけられるものと特質とが補集合的な関係にあると考えられています。特質づけされるもの（受動）と特質（能動）の和が虚空という全論議領域であると考えられているのです。

二　ものと無の関係を知る者

第六偈において龍樹は視点を変えます。

5・6　ものがないとき
　いかなるものの無があろうか。
ものおよび無と異なるいかなる者が
　ものと無とを知ろうか。

もの（バーヴァ）と無（アバーヴァ）の和はすべてのものであり、そのすべてが存在しないならば、無あるいはものを知る者も結局はものか無のどちらかに属さなければなりません。ものも無もないのですから、どちらかに入るはずの知る者もないと龍樹は考えます。

この章においてこれまでは、知る者と知られるものとの関係は論議されてこなかったのですが、第六偈後半において知る者と知られるものとの関係が言及されます。『中論』の幾つかの章においては知る者と知られるものの関係が扱われます。空性の体得のために究極的には知る者と知られるもの、つまり言葉を発する者と言葉の対象も両方なくならねばなりません。

三　これまでの議論の適用

5・7　それゆえ、虚空はものでも無でも
特質でも特質づけられるものでもない。
他の五もまた
虚空に等しい。

六界の中の一つである虚空はものでもなく、無でもない。さらに特質でもなく、特質づけられるものでもない、と述べられています。ここでは二種の補集合的関係が扱われています。つまり、ものと無の間の補集合的関係、および能動と受動の関係にある「特質と特質づけられるもの」の関係です。虚空はこれらの補集合的に配分された四つの項のいずれにも属さない。それゆえ、虚空は存在しないと龍樹は結論づけます。他の五要素（地、水、火、風、識）も同じように考えることができます。

第六偈において「ものおよび無と異なるいかなる者」という概念が登場していましたが、本章最後の第八偈ではものの存することや存しないこと（無）を見る者たちが取りあげられています。見られるもの（対象）が本来は「鎮まっている」のですが、ものが存するとか存しないとか論ずる人はそれを見ないというのです。ここでいう「鎮まっている」とは「空である」、つまり存在しないということです。

四　見られるものの鎮まっためでたいもの

5・8　しかし、もろもろのものの
存することや存しないことを見る者たちは、
見られ得るものの鎮まった
めでたきものを見ない。

アビダルマ教学を代表する説一切有部（有部）によれば、ものは過去・現在・未来の三世（三時）において存在するが、瞬間瞬間に時間は未来から過去へと射落している、と考えられています。現在のものはわれわれが見ることができるので現在のものは存在するものですが、過去と未来のものは無なるものということはできます。このように、有部の者たちは龍樹からすれば、「もろもろのものの存することや存しないことを見る者たち」であり、この偈はそのような有部を批判していると考えられます（山口訳2、四五頁）。

第五章は六つの要素（地、水、火、風、空、識）が存在しないと述べようとしています。第五の要素である虚空を取りあげて、虚空の特質と特質づけられるもの（虚空）との関係に注目し、さらには特質の働きに注目します。次に、虚空がものでも無でもなく、特質でも特質づけられるものでもないと述べて、虚空は存在しないと結論づけます。さらに、同様の理由で他の五つの界も存在しないと付け加えます。

一般に地、水、火、風とは感覚器官によってその存在が確かめられるものです。第三句の「見られ得るもの」（ドラシュタヴヤ）とは、感覚器官の諸対象を意味しています。つまり、外界を認識するもろもろの感覚器官を視覚器官によって代表させているのです。

この偈では存在しないものをめでたきもの（シヴァ）と呼んでいます。無がわれわれにとって良きものと考えられているのです。一般に存在しないものは良いものではないかもしれませんが、『中論』は存在しないものはめでたきもの、良きものと述べています。もっとも無（空性）の中にすべての世界が溶け込んでしまうと考えられているわけではないのです。仮説の世界があるからです。しかし、この仮説の世界に関してはこの第五章では何も述べられていません。

ドゥ・ヨング版の『中論』テキストにはいわゆる八不の帰敬偈は見られませんが、従来のテキストでは帰敬偈は含まれています。この帰敬偈では「戯論の止滅した（ウパシャマ）、吉祥なる（シヴァ）縁起」といわれていました。ここでも帰敬偈の場合と同様の意味で「ウパシャマ」と「シヴァ」という語が用いられていると思われます。

注

（1）『大宝積経』巻七十三巻　菩薩見宝会十六之十三　六界差別品二十五之一（大正蔵　第一一巻　四一四頁b）にも「大王。所言六界者即是丈夫」の文章があることが指摘されています（山口訳2、三五頁）。

第六章　煩悩と煩悩に染められた人の考察

一　貪欲と貪者との前後関係

第六章は煩悩と煩悩を有する人との関係を扱いながら、煩悩も煩悩を有する人も存在しないことを論証しようとしています。まずこの章に現われる基本的な概念について説明します。

この章において煩悩と煩悩を有する人は、貪欲（貪、ラーガ）と貪者（ラクタ）として扱われます。羅什は「ラーガ」（rāga）を「染」、「ラクタ」（rakta）を「染者」と訳しています。「染」とは人を染めるもの、すなわち煩悩のことであり、「染者」とは煩悩によって染められた者（衆生、人間）を意味します。「染める」を意味する動詞「ランジュ」√rañj の過去受動分詞である rakta は貪欲によって染められた人間を指します。第六章において扱われる「縁起の関係にある二項」（第五章第一偈前注参照）は、煩悩（染）と煩悩によって染められた人（染者）です。

「ラーガ」は一般に「貪」と漢訳されてきましたが、本書では「貪欲」と訳すことにします。「ラクタ」は「貪者」と訳します。「貪欲に染められた人」あるいは「貪欲を持つ者」などと訳した場合には、訳語が長すぎて龍樹の論議を理解することがかえって困難になります。もっとも「貪者」という訳語は、貪欲を有する者（貪る者）という意味の日本語としてはいささか分かり難いのですが。

この章においては、貪欲と貪欲に染められた者、病気と病気に冒された者などの関係、すなわちある事象とその事象によって影響を受けた人間との関係が考察されます。この場合の人間は作用を受ける者であり、過去受動分詞で表されます。第一〇章において扱われる火（燃やすもの）と薪（燃やされるもの）の関係は、第六章において扱われる貪欲と貪者の関係とは異質です。第六章にあっては火によって焼かれた人間と火との関係が扱われているのではないからです。

第六章第一偈から第三偈までは、貪欲と貪者の関係が前・後・同時の観点から考察されます。第一偈では貪者が貪欲よりも前にある場合、第二偈は貪欲が貪者よりも前にある場合とない場合を扱っています。第三偈では貪欲と貪者が同時にある場合が扱われます。第四偈から本章最後の第一〇偈までは、貪欲と貪者が一体であるか別体であるのか、が考察されています[1]。

6・1　もしも貪欲よりも以前に
　貪欲より離れた貪者があれば、
　それ（貪者）によって貪欲があろう。
　貪者があれば、貪欲があろうから。

反論者は「貪者に貪欲が存在する」と考えていますが、龍樹は「貪者に貪欲が存在しない」と主張します。まず龍樹は貪欲と貪者という二つの項の間の関係を、前・後・同時という関係の観点から考えます。

『中論』において反論を批判する場合、龍樹は「縁起の関係にある」と考えられる二つのものの関係（あるいはそのどちらかの項）の領域を補集合的に配分します。第六章では貪欲と貪者との関係が「貪欲よりも先に貪者がある場合」と「先にない場合」という補集合的関係に配分されます。龍樹にとって貪欲と貪者とは縁起の関係にあります。

第一偈では「貪欲よりも先に貪者がある場合」が考察されていますが、「先にない場合」も当然、龍樹は考えていたでしょう。第二偈後半には「貪者よりも先に貪欲がある場合」と「先にない場合」という補集合的配分が述べられています。第三偈は「先にもなく、後にもないのであれば、同時である可能性があろう」という反論に答えています。

第一偈に戻ります。貪欲1よりも先に貪欲1より離れた（別個の）貪者1があれば、すでに存在していた貪者1にも別の貪欲2が存しているはずだ、というのです。貪欲1よりも前に貪者1があれば、その貪者1自体にも貪欲1とは別の貪欲2が存在しているゆえに貪欲は二つ存在することになるが、それはあり得ない、と龍樹は主張します。「二つ存在することになることはあり得ない」という論法は第二章第三〜五偈にも見られました。

第一偈では貪欲よりも先に貪者がある場合が考察されましたが、第二偈前半では貪欲がない場合にも貪者は存しないと述べられます。

6・2　また、貪欲がないならば

どこに貪者があろう。
貪欲が先にあってもなくても
貪者に関しては同じである。

第一偈では、貪者が先に存するならば貪欲があることになろう、とあったのですが、第二偈前半では、貪欲がないと反論者が主張するならば貪者もないことになる、と龍樹は主張します。また、第一偈では貪者が先に存する場合の不都合が述べられ、第二偈前半では貪者に貪欲がない場合の不都合が述べられています。

第三句の「貪欲が先にあってもなくても」では、貪欲が貪者より先にある場合とない場合という補集合的分割がなされています。そのいずれの場合にも、そもそも貪者は存在しないと考えられているのです。この場合「先にない」の代わりに「後」とは述べられていません。「先にある場合」と「先にない場合」とは矛盾の関係にありますが、「前」と「後」は矛盾の関係にあるとは限りません。

例えば、「来ない」ならば「行く」のではないか、という疑問が湧くかもしれませんが、『中論』では「来る」と「行く」は矛盾の関係（補集合的な関係）にはありません。「ある者が行かなければ、その者は来る」という考え方は『中論』では見られないのです。「不滅亦不生」という表現が青目注羅什訳『中論』帰敬偈にあります。これは「滅することなく、かつ生ずることもない」という意味ですが、この場合の不滅と不生は矛盾関係にありません。もしも『中論』において「ものは生ずるのか滅するのか、どちらかである」とあれば、龍樹は「生」と「滅」とを矛盾の関係に考えていることになります。しかし、『中論』全編を通じて「不生」の意味で「滅」が考えられることはありません。『中論』第一章では「ものは生ずるのか、生じないのか」という論議が見られます。この場合、ものが生じないという場合、ものは自から生じない、他から生じない、自と他の両者から生じない、無因から生じないという形で生ずる原因を補集合的に分けられるのであって、生と滅とに分けられてはいません。ただ『中論』帰敬偈等に見られる「異」と「一」との関係は矛盾の関係にあります。

第一偈と第二偈では貪者と貪欲の一方が他方の以前にあるのか、ないのか、に関する議論が見られましたが、第三偈では貪者と貪欲が共に生ずると考えられた場合が扱われます。

6・3　また貪欲と貪者との二つが
共に生ずることはあり得ない。
なぜならば、貪欲と貪者とが
相待しないものとなろうから。

第一偈と第二偈において反論を批判するに際し、龍樹は貪欲と貪者とはまったく関係がなく、互いに別箇のものであると考えていました。しかし、第三偈において龍樹は、貪欲と貪者とはある程度の関係がなくてはならないという立場に立っています。というのは、龍樹が第三偈に「なぜならば、貪欲と貪者とが相待しないものとなろうから」と述べている以上、彼は貪欲と貪者とが、どのような意味であれ、相待する必要があると考えていたと思わざるを得ないからです。

第三偈では、貪欲と貪者とが同時に生ずる場合には、両者の存在がすでに確立されているはずだから、お互いに依る関係（相待）が不必要となるという誤りになろうと龍樹は述べています。第三偈では、貪欲と貪者とはまったく関係のないものではなく、お互いに関係（相待）するものであるという縁起本来の意味を龍樹が考えていたと思われます。このように、第一～二偈と第三偈では龍樹の貪欲と貪者の関係にかんする観点が異なっています。第一～二偈では貪欲と貪者の間にいささかの関係も認めていないのですが、第三偈ではそれをある意味では認めているのです。反論者は「龍樹よ、では第三偈に見られる考え方によって第一～二偈も解釈すべきだ」と抗議するでしょう。貪欲と貪者とが無関係ではなくて、ある種の相関関係にあるという反論も当時あったと考えられます。

次に反対論者は、貪欲と貪者は同時に存在していてお互いに関係しているから自分たちの考え方は正しいと主張しているようですが、それに対して龍樹は、共に生ずるということは貪欲の存在と貪者の存在が同時にしかも無関係に確立することになるゆえに両者の関係は成立しない、と答えます。龍樹はここでは存在と貪者との間に互いに依りあうある種の関係、つまり縁起の関係が必要であると考えているようです。反対論者もまた龍樹の見解と近い意味で「お互いに依る関係」を主張することもあったと思われますが、そのような反論については龍樹は言及していません。

第四偈以降は、第三偈の問題であった「共に生ずること」をさらに詳しく扱います。第六章第一偈から第三偈では前・後・同時の問題が扱われていましたが、第四偈から一〇偈までは貪欲と貪者が一体であるか別体であるかを検討します。

二　貪欲と貪者との合はない

6・4　〔貪欲と貪者とは〕一体であるとき合することはない。
なぜなら、ものはそれ自体とは合しないから。
また別体であるときには、
どこに合することがあろう。

「合、合すること」（サハ・バーヴァ）という訳語に関しては宇井訳（二六〇頁）を参考にしました。青目注羅什訳でも「合」とあります。サンスクリットではサハ・バーヴァ（saha-bhāva　共に存すること）ですが、「サハ」とは「共に、一緒に、同時に」という意味です。これは時間的意味に限って用いられる語ではありません。例えば「彼は彼女と一緒に来た」というときにも用いられます。「バーヴァ」とは「存すること、あること」です。

またこの章での「合」は二つのものが同じ時間に併存することを意味しません。例えば、牛には二本の角が同時にありますが、このような同時的併存はここでいう「サハ・バーヴァ」ではありません。ある病気とその病気にかかった人は同時に存在します。病気と病人は体の中で合している、と表現できます。そのような二者の合することがここでいうサハ・バーヴァなのです。

「合」（サハ・バーヴァ）という概念は『中論』における龍樹の議論にとって重要です。この「合」

によって命題（あるいは命題の内容）が成立するからです。貪欲（ラーガ）と貪者（ラクタ）の合によって「貪者に貪欲がある」（ラクタスヤ　ラーガム　raktasya rāgam）というような命題が成立します。この命題では「貪者」は所有格によって表現され、「貪欲」は主格によって表されています。所有格と主格との組み合わせというシンタックス（統語法）上の結びつき（合すること）によってはじめて命題が可能となったのです。これまでも、第二章第三偈の「歩かれつつあるところに歩くこと〔がある〕」（ガムヤマーナスヤ　ガマナム、gamyamānasya gamanam）というような命題は、所有格と主格との結合によってはじめて可能となります。歩かれつつあるところと歩くこととという二項の関係を指し示す術語（合、サハ・バーヴァ）は第二章では見られないのですが、第六章に至って現れます。

第二章において「踏み歩かれた場所」（ガタ）という意味の過去受動分詞が用いられていましたが、第二章では「ガタ」は過去に動作を受けた道を意味しました。しかし、第六章の「ラクタ」は過去に煩悩に染められた者（すでに染められている者）というよりは、無時間的な意味で煩悩を有する者を意味します。

第二章第八偈における「歩く者は歩くことはない」では、「歩く者」（gantā）は主語であり、「歩く」（gacchati）という動詞が述語です。この主語の指し示すものと述語の指すものとの結びつき（合すること）を意味する術語は、『中論』第二章にはありませんでした。

この章の第四偈では、例えば、病気と病人の関係が一体である場合と別体である場合との補集合的配分がなされた後、その両者のケースが否定されています。この論議は、第二章において歩く人と歩くことが一つのものであるかどうかを論議したのと同種のものです。歩く人に歩くことがある、というようなことをここではサハ・バーヴァと呼んでいるのです。

第四偈では「貪欲と貪者が一体であるときに合することはない」とあります。この場合の「合すること」は両者が何らかの関係を有することによって一つの命題あるいは命題の内容としての事象（こと）が成立することを意味します。第四偈後半には「なぜならばものそれ自体とは合しないから」と、同一のものが合体しないことの理由が述べられています。同じものであれば、同じものが同じものと合することはありません。

第四偈後半では、別体であるときにはどこに合することがあるのか、とあります。ここに龍樹の論議の「からくり」があります。偈後半でいう「別体である」は両者にまったく関係がないという意味です。龍樹はまず、貪欲と貪者との関係は一か多（非一）であろうと考えます。この限りにおいては論理的に正しいのです。同一のものが合することがない、も了解できます。もっともまったく同一であれば、「二つのもの」ともいえないのですが。

両者が非一であれば合することはない、という偈後半が問題です。「非一である」を龍樹は全く関係がないという意味で使っています。ところで、病人と病気はまったく関係のないものではありません。病気と関係があるからこそ人は病気になるのであって、関係することがまったくなければ誰も病気にはなりません。

龍樹が「二つのものが一か非一かである」といった場合、反対論者はそれを論理的には正しいと受け入れざるを得ません。事実、その限りにおいては論理的には正しいのですから。『中論』第四章において、原因と結果が似ているのか似ていないのかという議論がありました。その際、龍樹にあっては「似ている」とはまったく同一ということであり、「似ていない」とはまったく関係がないという意味でした。第六章の場合も、「一である」とはまったく同一という意味であり、「非一である」とはまったく関係がないということです。病気と病人はまったく同一というわけではありません。病気と病人はあるところでは異なってはいますが、どこかでは関係があります。しかし、病気と病人の両者に何らかの関係を認めてしまうと、少なくとも第四偈に見られるような龍樹の議論は成り立たなくなるのです。

病人とその人の病気との間には確かに関係があります。しかし、どこまで関係があり、どこから関係がないのかを問い始めますと、かなり難しい問題に直面します。たしかにある病人とその人の病気は同一のもの（一体）ではありません。一方、病気は人体がない場合、病気はあり得ません（人間以外の病気のことはこの際問題にしません）。体のどこかの部位が病気になるのです。病気も人体を離れてはあり得ません。このように、病気は人体の中の一つのあるいは複数の部位でしか起こり得ない、という限りにおいては病人とその人の病気との間には何らかの関係があり、両者はまったく無関係すなわち「別体である」とはいえません。

病気と身体とがどこでどのように結びついている（合している）のかを考えていくと、龍樹が提起するような「一体か別体か」の問題に突き当たらざるを得なくなります。ある人間においてどこまでが病気であって、どこまでが病人なのかというように分析を続けていくならば、病気と病人を分けて考えるのは誤りではないかと思わざるを得なくなります。最終的には、病気と病人、貪欲と貪欲を持つ人というような形といった分け方では、病気の本質なり貪欲の本質は理解できないと龍樹はいうのです。「一体か別体か」の問題は、すでに第二章第二一偈において扱われていました。

6・5　もしも一体であって合することがあれば、
合することは伴うことがなくてもあろう。
また別体であって合することがあれば、
それは伴うことなくともあろう。

この偈の内容は、次のように書き改めるとより明確になります。

〔貪欲と貪者が〕一体であって合することがあれば、
合することは〔両者の一方が他方を〕伴うことなくともあろう。
〔貪欲と貪者が〕別体であって合することがあれば、
合することは〔両者の一方が他方を〕伴うことなくともあろう。

第二句および第四句の「伴うことなくともあろう」とは、貪欲と貪者両者の一方が他方を伴うことがなくても合することが成立する、という意味です。しかし、合することは貪欲と貪者両者がなくては起こり得ません。この第五偈は第四偈の内容を少し異なる観点から扱っているのです。
次の第六偈も第五偈とは別の論法で論議を進めます。

6・6　もし別体であって合することがあれば、
　　貪欲と貪者がどうして
　　別個のものであり得よう。
　　というのは、二つのものに合することがあるというのだから。

貪欲と貪者が別々のもの（別体）であることが確定している時に両者が合することがある、という場合、かの二者はどうして別々のものであり得るのか、と龍樹が主張します。完全に別個のものである場合には、二者は合することができないゆえに、というのが理由です。

次の第七偈後半は「貪欲と貪者が別体である」と考えられた場合に対して、さらに第八偈後半は「貪欲と貪者が別々のものでない」と考えられた場合に対する龍樹の批判です。

6・7　あるいは貪欲と貪者が
　　別体であるならば、
　　何のためにあなたは
　　二者の合することを考えるのか。

すでに述べたように、龍樹にとって、貪欲と貪者が別体であるとは両者になんらの関係もないということです。ここで龍樹は「貪欲と貪者が別々のものであるならば、その二者は無関係な別個の存在なのであるから、「貪欲によって人が染められる、つまり人が煩悩を有する」というような事態を考える必要はなく、さらにその可能性もないというのです。

6・8　〔貪欲と貪者が〕別体ではあり得ないと考えて
あなたはこのように合することを望むが、〔一方で〕
合することを成立させるために
あなたはさらに合することを願っている。

貪欲と貪者の関係を考えるよりは、病人と病気で考える方がわかり易いでしょうから、病人と病気を例にとって考えてみましょう。龍樹はここでの反論を「あなた（反論者）は、病人と病気は別々のものではなく、病人とは病気になった人のことだと考えている。そのように、あなたは病気と病人とを常に一緒に考えており、両者に合することがあると考えている」と理解しています。偈には「あなたは合することを成立させるためにさらに合することを願っている」といわれていますが、ここで龍樹は、病人といえばすでに病気と合体した人のことであり、「病気になった人のことを病人」というときには、反論者は病気という概念を二度使っている、と批判しているのです(2)。

次の第九偈では、煩悩と煩悩を有する者が「別個のものではあり得ない」ゆえに合することはあり得ないと述べます。

6・9　しかし、別体のものではあり得ないゆえに
合することはあり得ない。
どのような別体である場合に
あなたは合することを望んでいるのか。

「別体のもの（プリタク・バーヴァ）ではあり得ない」とは、龍樹によれば両者がまったく同一ということです。両者が同一ならば、二項が合することはあり得ません。偈後半では、反論者に対して「あなたは貪者と貪欲という両者がどのような意味で別体であると考えているのか」と問います。ともあれ別体であれば合することはないだろうというのです。

月称注（プサン版　一四二頁）では「もしも〔二つのものが〕別体であってさらに合することがあるならば、その別体であることは〔二つのものの〕合することに依存せざるを得ない」とあります。つまり、二つのものが結びつくためにはその二つのものが別々のものであることが必要だというのです。

最後の第一〇偈が結論です。

6・10　このように貪欲と貪者は
合してあることも合しなくてあることもない。
貪欲のように一切のものも

合して存することも合しなくて存することもない。

「病人に病気がある」（人が病気にかかる）という命題は、表現者（話者）によって表現されたものです。これまで龍樹は「病人に病気がある」というような命題自体がさまざまな問題を抱えていることを指摘してきたのですが、彼が最終的に主張しようとしていることは、貪欲と貪者というような概念あるいは表現が究極的に正しいのか、あるいは信頼に足るものなのか、ということです。このことはこの第六章に限ったことではありません。われわれは一般に命題によって事象を表現しており、その命題の真偽を問題にすることはあっても、命題によって表現すること自体が真に可能なのか否かを問うことはほとんどありません。しかし、『中論』はそのような日常の命題あるいは言葉を用いることそのことが、最終的な真理を知るために有効なのか否かを問うのです。

注

（1）『中論』第三〜五章では感覚器官（根）、構成要素（蘊）および元素（界）が扱われていました。根、蘊および界という「世界」の基礎に基づいて触（対象と感覚器官の接触）、愛（楽のものに対する欲求）、取（ものへの執着）等が生まれるのですが、そのような活動が第六章では扱われると月称注では解釈されています（プサン版一三七頁・山口訳2、五二頁参照）。月称は貪欲（ラーガ）を十二因縁の中の触・受・取と理解したようです。

（2）ここで龍樹は命題あるいは文章における二つの概念を扱っているのか、あるいは命題と外界における事象を扱っているのかははっきりしません。すでに第二章第一偈の考察において述べたように、命題における概念の問題であることを明確に指摘したのは仏護（五世紀後半）でした［Tachikawa 1974:13］。

第七章　有為と生・住・滅の考察

一　有為のものと生・住・滅

アビダルマ仏教では存在（法、ダルマ）は原因・結果によって作られたもの（有為）と原因・結果によって作られていないもの（無為）に分けられるのですが、有為のものは自性を伴いながら、生・住・滅という過程を辿ると考えられています。一方、龍樹は「有為なるものに生・住・滅はなく、有為なるものも存在しない」と主張します。

第一偈において龍樹は、生まれることあるいは生まれるもの（ウトパーダ utpāda）が有為なるものならばその生まれることにも生・住・滅という有為の一般的特質がなくてはならない、と考えています。反論者は「蘊・界等の有為なるものに生・住・滅が見られる」と述べているのであって、「生まれたこと（もの）に生・住・滅が見られる」とは主張していません。龍樹が一方的に、「生・住・滅の中の「生」にさらに生ずることがあるだろう」と述べているのです。

そして、有為のものが生・住・滅のプロセスを辿ると反論者が考えるならば、その生はまた生・住・滅のプロセスを辿る場合と生・住・滅のプロセスを辿らない場合があるだろう、というように龍樹は補集合的分割を持ち込みます。その後で、龍樹は「その生はまた生・住・滅のプロセスを辿る」という命題では第一の「生」に加えて第二の「生」が登場するが、この場合には「生」が二つ存在することになってしまうゆえに正しくない、と考えます。さらには、「生」の中に住や滅を考えることはできないとも主張します。

7・1　もし生ずること（生）が有為であれば
それには三相（生・住・滅）があることになろう。
もし生ずることが無為であれば
どうして作られたものという特質があろうか。

反論者は、有為に生・住・滅という三相があるゆえに有為は存在する、と考えます。仏護注には次のようにあります。「反論者がいう。ここ（経典）では生・住・滅という有為の一般的特質が示されている。存在しないものにおいて特質を示すことはあり得ないゆえに、〔生・住・滅という有為の〕特質があるから有為なるものは存在する、と。〔龍樹が〕答える。有為の特質はあり得ないゆえに、「それ（特質）があるゆえに有為なるものが存する」とはどうしていえようか」（北京版西蔵大蔵経　第九五巻　八六頁一葉一～二行）（ワレーザー版　八八頁）。ここでは反論者が「生・住・滅という三相があるゆえに有為のものは存在する」というのに対して、「有為のものの特質は存しないゆえに有為は存しない」と龍樹が主張していると仏護は解釈しています。つまり、反論者が有為に生・住・滅という三相があると考えているのに対し、龍樹は有為のものは存しないゆえに生・住・滅はない、と述べています。この議論はかみ合っていないようですが、『中論』においてはこのような議論のすれ違いはしばしば見られます。

青目注羅什訳では「ウトパーダ（生ずること）」は「生」と訳されていますが、「生」という漢訳が生まれる動作を指すのか、すでに生まれているものを指すのかははっきりしません。「ウトパーダ」（**utpāda**）という語は、一般に生ずることあるいは動作・作用を意味するのであって「生じたもの」（ウトパンナ　**utpanna**）を意味しません。しかし、この偈において龍樹は、「生」（ウトパーダ）によって生ずることと生じたものとを峻別してはいないようです。反論者から「生まれること（もの）は生まれる」というような命題を引き出したいというのが龍樹のねらいであったようです。「ウトパーダ」という語が生ずることのみではなく、生じたものをも指していると思われるケースは『中論』帰敬偈にも見られます［立川　一九九四：二二九］。本章では、ほとんどの場合「ウトパーダ」を「生ずること」と訳していますが、生ずることと生じたものとの区別をむしろ明確にしないために「生」と訳した場合もあります。

第一偈は、生まれることが有為である場合と無為である場合への補集合的配分を踏まえています。第一偈後半は生まれることが無為である場合が、第二偈以降において生まれることが有為である場合が考察されます。

7・2　生ずることなどの三を別々に考えるならば、

〔有為の〕特質としての能力はない。
〔それらの三相を〕総体として考えるというならば、
どのようにして一時に同一所にあり得ようか。

この偈では三相（生・住・滅）が別々のものである場合と総体として考える場合への配分を踏まえています。「別々に（ヴィヤスタ）考えるならば」とは、月称注に「もし生の時に住と滅がないならば、その時には生は住と滅とを離れて生ずる虚空のようになろうが、有為の特質を有するものとしてはあり得ない」とあります（プサン版　一四六頁）。「もし生の時に住と滅がないならば」とは、生・住・滅が別々のものであると考えられた場合について述べています。「総体として（サマスタ）」とは生・住・滅という三要素で成り立っているグループを一体として見る場合を指します。

7・3　もし生・住・滅の三に
別の有為相があるならば、無窮となろう。
もしもこの三つに別の有為相がないとすれば、
三相は有為ではなくなるだろう。

もしも生・住・滅の他にさらに生・住・滅が成立するための別の生・住・滅があるというならば、第二セットの生・住・滅とは別の第三のセットとしての生・住・滅があることになるというように連鎖が無限に続くこと（無窮）になるというのです。無窮（アナヴァスター　無窮遡及）は古代インドでは一般に誤りと考えられていました。もっともすでに第一偈において生ずること（もの）に生・住・滅が考えられていますが、これも一種の無窮といえるでしょう。

偈後半では、第一のサイクルである生・住・滅の三つに第二のサイクルともいうべき生・住・滅という有為相がないとすれば、第一のサイクルとしての三相は有為ではなくなるだろう、と述べられています。有為のものならば生・住・滅の三つがあるはずだと龍樹は決めてかかっているようです。

第四偈において、反論者は無窮を避けるために「生ずることを生む一つの根源的な生があるのみだ」と主張します。

7・4　生ずることの生ずること（生の生）は
　　ただ単に根本的な生ずること（本生）を
　　生むにすぎず、
　　その本生が生の生を生む。

アビダルマ仏教では、もろもろのもの（ダルマ）はそれぞれ自性を伴った実体であり、それは他の存在を生む能力を有すると考えられていました（月称注プサン版　一四五頁）。少なくともアビダルマ仏教の考え方を龍樹はそのように理解していました。反論者は、生ずることが生ずることを無窮に生み続けるのではなくて、根本的な生があり、それが生の生を生むのであって、無窮という誤りに堕ちるわけではないというのです。
この偈に見られる「生の生」というような考え方は、龍樹が第一偈において、生ずることに生・住・滅の三つの存在を想定した時にすでに述べられていた考え方です。つまり、生の生云々というような無窮のケースに連なる考え方を持ち出していたのは龍樹自身なのです。
以上の反論に龍樹が答えます。

7・5　もしもあなたの〔主張する〕生の生が本生を生むならば、
そのとき生の生は本生によってまだ生ぜしめられていない。
まだ生じていない生の生が
どうして本生を生むのか。

ここでは生の生が本生をすでに生んだ時とまだ生んでいない時とに分割がなされており、その分割に基づいて議論がなされています。

7・6　もしも本生によって生ぜしめられたもの（生の生）が
本生を生む、とあなたがいうならば、
それ（生の生）によってまだ生ぜしめられていないその本生が
それ（生の生）をどうして生もうか。

この偈においても前偈と同様に、「生の生」によってすでに生ぜしめられた（ジャニタ）時と「生の生」によってまだ生ぜしめられていない（ア・ジャニタ）時とへの分割に基づいて議論がなされています。第四、五偈に述べられたように、本生（A）によって生ぜしめられたB（生の生）がAを生むならば、Bからまだ生まれていないAがどうしてBを生もうか、というのです。第四偈およびこの第六偈では「B（生の生）がA（本生）を生む」と述べられています。これは「AからB、BからC」というような無窮を避けるために、「AからB、BからA」という循環関係を持ち出したのだと思われます。

反論者は、本生が生じつつある時、つまり、まだ本生が生じ終わっていない時こそ、生の生を生みつつあるのであり、同時に本生も成立せしめているのだ、と主張します（月称注プサン版　一五〇頁参照）。無窮を避けるため、反論者は生の生と本生とが同時に成立するというのです。

7・7　この今生じつつあるものは[1]
望むままにそれ（生の生）を生じさせることになろう。
もしもこのまだ生じていないもの（本生）が
それ（生の生）を生じさせることができると、あなたがいうならば。

月称注（プサン版　一五一頁）には「もしもまだ生じていないものがまた別の一つのまだ生じていないものを生むならば、本生が生じつつあるときに、あなたのいうように生の生を生むことであろう、というのは、生じつつあるものとは、まだここに来ったものではなく、まだ生ずることの終わっていないものである。そのものがどのようにして他の一つのものを生むであろうか」とあります。

「望むままに」とは、いつでもという意味ですが、無窮を避けようとした反論はかえって無窮という誤謬を招いてしまうと龍樹は指摘します。

この第七偈は青目注羅什訳の第七～八偈に相当します（三枝訳、二二五頁参照）。

二　灯火は自と他を照らすという反論とその批判

反論者が主張します。

7・8　例えば灯火が自身と他のものを
共に照らすように、
そのように、生ずることも自体と他の二つを
生むだろう。

ここでは灯火がものを照らすことに譬えられ、生ずることが自および他のものを生ぜしめることに譬えられています。「照らす」作用が「生む」作用に譬えられているのです。次の第九偈から龍樹の批判が始まるのですが、龍樹の第八偈に対する実質的な回答は第一五偈に述べられます。それまで龍

樹はすこしばかり回り道をします。

龍樹が答えます。

7・9　灯火の中に闇はなく、
　　灯火のあるところにも闇はない。
　　灯火は何を照らすのか。
　　というのは、光は闇を破るものだから。

龍樹は第八偈における反論に対して、「灯火の中にも灯火の置かれてあるところにも闇はない。ではは灯火は何を照らすというのか」と答えます。青目注羅什訳では龍樹の説の説明として以下のようにあります。「灯火は自らを照らし、明（火）の及ぶところに闇はない。明と闇とは相違している。闇を破るゆえに照と名付ける。闇がなければ照はない。どうして灯火は自らを照らし、また彼のものを照らすといえようか」（大正蔵　第三〇巻　九頁下）。この回答では灯火の中と灯火の置かれてあるところに限って火（照）と闇が考察されており、それ以外のところの領域は問題にされていません。光の及ばないところには闇があるはずなのですが。

龍樹による批判が続きます。

7・10　生じつつある灯火によって
どうして闇が破られようか。
なぜなら、生じつつある灯火は
その時まだ届いていないから。

灯火が闇に届くまでの時と届いた後の時とへの分割が行われています。古代インドでは、眼から出た光が対象に届き、その後に眼に戻ってくると考えられていました。届いた後の時に関する考察はここでは行われていません。

7・11　もしもまだ届いていないのに
灯火によって闇が破られるというならば、
いまここにある灯火が
全世界の闇を破ることになろう。

灯火（光）が闇に届く前と届いた後への配分を前提に龍樹は議論を進めています。灯火が対象に向かって進むのであるという考え方が反論者にもあったと考えられます。しかし、反論者は「灯火が対象に届く前に闇が破られる」などと考える必要はない、というでしょう。対象にまだ届いていないのに照らす作用があるはずだというのは龍樹の方からの「いいがかり」であると反対論者は主張すると思われます。

7・12　もしも灯火が自体と他体を
共に照らすというならば、
闇もまた疑いなく
自体と他体を覆うことになろう。

灯火がものを照らすように闇もものを覆うと考えられており、空間が灯火（光）と闇に二分されています。龍樹は火が自体と他体を照らすならば、闇もまた同様にして自体と他体を覆うであろうと述べています。つまり、光が自体と他体を照らす前に闇がすべてを覆っているはずだというのです。月称注（プサン版　一五四頁）には、「もしも闇が自体を覆うならば、瓶が闇に覆われた時それが見られないように、闇自体も認められないであろう」とあります。しかし、闇が見られないということはありません。

三　生ずることが生ずることを生むという反論とその批判

7・13　まだ生じていないこの生が
どうして自体を生むのか。

もしもすでに生じたものが〔自体を〕生むというならば、
すでに生じているものに〔さらに〕何が生ずるのか。

第八偈から一二偈までは灯火と闇との関係が考察されていました。第一三偈においては第七偈まで問題にされていた「まだ生じていない生」の考察に戻ります。第一句において「この生」というように、「この」という指定代名詞が用いられているのはそのためでしょう。

7・14　今生じつつあるもの、すでに生じたもの、
まだ生じていないもののいずれもどのようにしても生じない。
このこと(2)はいま歩かれつつあるところ、
すでに歩かれたところ、まだ歩かれないところによって説明されている。

「いま歩かれつつあるところ」云々は第二章第一偈の論議を指しています。

7・15　生じつつあるものが生ずることに
まだ踏み入っていないときに
どのようにして生ずることに依って
生じつつあるものがあろうか。

7・16 〔縁に依って〕生ずるものは
自性が寂滅している。
それゆえ、生じつつあるものは寂滅しており
生ずることも同様である。

「生ずるものは自性が寂滅している」とは、生ずるものは自性を有していないという意味です。「自性が」（**svabhāvatas** 自性という観点からいえば）はこの偈を含めて『中論』では八回用いられていま す（17・22a、22・2bc、22・9c、22・14a、23・6a、24・22a）。これらの箇所では「ものは自性上存しない」、「自性は寂滅している」というような意味に用いられています。「究極的本性からいえば」という意味には用いられていません。「スヴァバーヴァ・タス」（**svabhāva-tas**）の **-tas** は奪格《だつ》を示す語尾であり、ここでは「自性という観点からいえば」、「自性に関しては」という意味です。
第四句の「生ずること」のサンスクリットは「ウトパーダ」ではなく「ウトパッティ」（**utpatti**）です。「ウトパッティ」が生じたものを意味することはまずありません。

7・17 もしも何らかの未生のものがどこかにあるならば、
それは生ずることになろう。
しかしそのようなものがないときに
どうしてかの未生のものが生まれようか。

7・18　もしこの生が
生じつつあるものを生むというならば、
どのような生が
さらに生を生むであろうか。

第一句の「この生」（ウトパーダ）は第一七偈第二句に述べられた「生ずること」を指しています。

7・19　もしもその生を他の生が
生むというならば、無窮遡及となろう。
もし生がなくとも〔この生が〕生まれるというならば、
すべてのものが同様に生ずるであろう。

7・20　存在しているものにも存在しないものにも
存在しかつ存在しないものにも
生ずることはあり得ない。
このことはすでに以前に示した。

「すでに以前に」とは、第一章第七偈を指しています。以上によって、生ずることの存在しないことの証明が済んだと龍樹は考えます。

四　住することも滅することもない

7・21　滅しつつあるものに
生ずることはあり得ない。
一方、滅しつつないものは
ものではあり得ない。

この偈では、ものが滅しつつあるものと滅しつつないものへと補集合的分割がなされた上で、滅しつつあるものに生ずることがあるのかないのか、が問題になっています。この場合の生ずること（ウトパッティ）は作用を意味し、存するものを意味しません。この偈では、すべてのものは滅しつつあるゆえに、滅しつつないものはもの（バーヴァ）ではない、すなわち存在しないと考えられています。偈後半の「滅しつつないものはものではあり得ない」は「滅しつつあるものはものである」を含意しません。滅しつつないものという領域において論議が行われているのであって、滅しつつあるものという領域に論議が及ぶことはこの場合ないのですから。

7・22　まだ住していないものも住しない。

すでに住しているものは住しない。
いま住しつつあるものも住しない。
まだ生じていないものは住しない。

ここはドゥ・ヨング版に従っています。プサン版では第一句と第二句の順序が逆です。意味に変わりはありません。第一〜三句には第二章第一偈と同様の論法が見られます。第四句では第一〜三句における命題とは主語が異なっています。第四句の次には「生じたものは住しない」「生じつつあるものは住しない」という二命題が想定されています。

7・23　滅しつつあるものに
住することはあり得ない。
滅しつつないものは
〔存在する〕ものではあり得ない。

偈前半では主語が「滅しつつあるもの」であり、後半では「滅しつつないもの」です。この二語はもの（バーヴァ）を補集合的に二分しています。偈後半は「存在するものは滅しつつあるものである」という前提を踏まえています。その前提の理由は次の偈において語られます。

7・24 すべてのものが常に
老いと死を性質としている。
老いと死のないどのような
ものが住しようか。

7・25 他の住することによっても住することそれ自身によっても
住の住することはあり得ない。
生の生ずることが自体によっても
他体によってもあり得ないように。

住することが他の住することと住すること自体、つまり他と自に分割されています。ここで龍樹は「住は住する」という想定された反論を「住は他の住によって住しない」および「住は自の住によって住しない」という補集合的分割を含む二命題のいずれをも否定するというかたちで批判しています。

7・26 まだ滅していないものは滅しない。
すでに滅したものは滅しない。
同様に滅しつつあるものも滅しない。
生じていないものが滅しようか。

第二章第一偈と同様の議論です。第四句での主語は第三句までとは異なっています。「すでに生じたものは滅しない」および「生じつつあるものは滅しない」が想定されています。

7・27　まず住しているものの
　滅することはあり得ない。
　住していないものの
　滅することもあり得ない。

「生ずること」、「住すること」および「滅すること」という三つの主語それぞれが過去・現在・未来という時間的限定を受けるゆえに、九通りあることになります。また生・住・滅それぞれの肯定と否定（例えば、生ずるものと生じないもの）によって六通りのケースが考えられますから、一八通りになります。生・住・滅それぞれが「生ずる」「住する」「滅する」というような動詞形によって表現されることがありますので、結局、一八の三倍つまり五四通りの組み合わせが考えられます。それらの幾つかの組み合わせの例がこの章では述べられているのです。

7・28　ある状態は
　それと同じ状態によって滅しない。
　またある状態は

それと別の状態によって滅しない。

あるものxが滅する時、xはその時のままの状態（自相）によって滅するのか、他の時の状態（異相）によって滅するのかのいずれかであるという補集合的関係が想定されています。青目注羅什訳によれば、「乳は乳の時においては滅しない。乳の時にあっては乳の相は定まって存在するからである。乳ならざる時にも乳は滅しない。乳ではないならば乳が滅するということもいえないように」とあります（大正蔵　第三〇巻　一一頁下）。

7・29　すべてのものの
　　生ずることがあり得ない時、
　　同様にすべてのものの
　　滅することもあり得ない。

この偈において龍樹は、「ものが生じない時には、ものが滅することはない」と考えています。生じもしないものは滅することもないというのです。少なくとも龍樹にとって「もの（ダルマ）が生ずる」場合の構造と「ものが滅する」場合のそれとは同じです。

7・30　まず存在するものの

滅することはあり得ない。
なぜなら、もしも一体であれば
存在も非存在もあり得ないから。

「存在するものが滅する」という場合、龍樹は存在するものと滅することが一体となっていると考えています。存在するものと滅することが一体であれば、存在と非存在との区別がなくなっているというのです。

7・31　非存在の
滅することもあり得ない。
あたかも第二の頭を
切ることはあり得ないように。

第三〇偈では「存在するものの滅すること」が考察されましたが、この第三一偈では「非存在の滅すること」が取りあげられています。一般に、生物に第二の頭はありません。存在しないものを切ることがあり得ないように、元来存在しないものがまた改めて滅することはないというのです。反論者は「第二の頭を持ち出すのではなく、第一の頭を問題にしてほしいものだ。第二の頭というからには第一の頭がどのような次元においてであれ、存在することを認めていることになる」というでしょう。

7・32　滅することは
　　それ自身によって存しない。
　　あたかも生の生ずることが
　　　自体によっても他体によっても存しないように。

第三〇偈では「存在の滅すること」が取りあげられ、第三一偈では「非存在の滅すること」が問題にされました。では「滅すること」自体は存在するのではないか、という反論を想定して龍樹は、「滅すること自体も存在しない」といいます。もともと文章あるいは命題が成立するためには少なくとも二つの項が必要です。龍樹のいう縁起にあっても必ず二つ以上の項が必要でした。

例えば滅することが存在するか否かという問いにあっても、「滅すること」と「存在」という二つの項の間の関係が成立するか否かの問題となるようです。しかし、「存在」あるいは「〜である（〜がある）」は文章を構成する二つの項の一つとはなりません。たしかに「ものは存在する」という文章は成立します。しかし、この場合「この世界においてものは存在する」という意味なのであって、存在する場所が想定されています。この文章の意味を構成する「二つの項」は世界とものです。「存在する」は二つの項の間の関係を述べているのであって、項そのものとはなり得ないのです。

7・33　生ずること、住すること、滅することが
　　成立しないゆえに、有為のものは存しない。

有為のものが成立しないときに
無為のものが成立しようか。

そもそも有為のものも無為のものも存在しないというのが龍樹の立場です。龍樹は「生・住・滅は幻や夢のようなものだ」という経典からの引用によって本章を締めくくります。

7・34　幻のように、夢のように、
あたかも蜃気楼のように、
生ずることも住することも
滅することも同様だ、と〔経に〕述べられている。

月称注（プサン版　一七七頁）には、この偈の引用は『三昧王経』からであると指摘されています（山口訳2、一二四頁）。

注

（1）　プサン版では utpadyamānas（生じつつあるもの）とありますが、ドゥ・ヨング版では utpādyamānas（生ぜしめられつつあるもの）とあります。ドゥ・ヨング版におけるように使役の受動形と考える必要はないと思われますから、訳はプサン版によっています（三枝訳、二二五頁参照）。

（2）　ドゥ・ヨング版では「このことは、……説明されている」（tat ākhyātam）とあり、プサン版では「そのように……説明されている」（tathākhyātam）とあります。訳はドゥ・ヨング版によります。

第八章　行為と行為者の考察

一　行為者は行為をしない

第八章は行為と行為者の考察なのですが、はじめにこの章において用いられる基礎概念について述べておきます。行為（カルマン　karman）は一般に「業」と訳されます。業は動作としての行為とその後の結果をも意味しますが、この章では後者の意味はほとんど問題にされないために「行為」と訳すことにします。行為者（カーラカ　kāraka）はしばしば「行為主体」と訳されます。しかし、行為主体と訳しますと、「歩く主体」、「見る主体」というように他の章においてもすべて主体と付けざるを得なくなるために、ここでは「行為者」と訳すことにします。

この章において、作用（クリヤー　kriyā）とは動作という意味の行為のことであり、因（ヘートゥ　hetu）とは、例えば瓶を作る場合の粘土などを指します。条件（カーラナ　kāraṇa）とは、壺を作る際の轆轤《ろくろ》等です。もっともインドでは轆轤が考え出されるのは後世のことであって、古代では一般に二つの半片（カパーラ）を合わせるという方法が採られていました。ヘラなどの道具も使っていたのですが、この章ではそれらを条件と呼んでいます。条件の中には壺を作る人（壺師）も含められます。

結果（カールヤ　kārya）とは瓶を作ろうとする場合には瓶です。

第八章第四偈では作具（カラナ　karaṇa）という語も用いられています。この章では因・果の観点の他に、作者・作用・作具という観点も見られます。因として理解された粘土は、作者・作用・作具の観点では作具となります（月称注プサン版　一八三頁参照）。

『中論』第四章第六偈注においてすでに述べたように、『中論』において考察の対象となる命題は名詞句と動詞句との関係から考察することができます。「行為者が行為をする」という命題では、「行為者が」名詞句であり、「行為をする」が動詞句です。これまでに考察した命題の多くが名詞句となる一語と動詞句となる一語との二語によって構成されていました。伝統的な言い方をすれば、それらの命題は主語と述語によって構成されていたのです。

第八章において主として考察されるのは、「人が行為をする」ではなくて「行為者が行為をする」という命題です。この命題は一見不自然に見えますが、このような文章は第二章第八偈の「歩く人は歩かない」においても見ることができました。「行為者が行為をする」の場合には「行為者が」が名詞句となり、「行為をする」が動詞句です。この動詞句は目的語と動詞とによって構成されています。このように動詞句に目的語と動詞とが含まれるケースは第二章の最後においても見られました。

第二章第二四偈および第二五偈では「歩行者は歩くことを歩く」（gantā gamanaṃ gacchati）という文章が見られました。ここでは gantā（ガンター）は主格、gamanaṃ（ガマナム）は目的格、gacchati（ガッチャティ）は動詞です。この文章では歩くことを目的語とした「歩くことを歩く」という動詞句が見られます。第二章第一から六偈では歩かれる場所と歩く動作という二項の関係が検討され、第八から二一偈では歩行者と歩くことという二項の関係が検討されました。しかし、第八章では、行為者と「行為をなすこと」との関係がもっぱら考察されます。

「行為者（agent）を意味する語の主格＋動詞」という命題は、行為者を意味する語を属格にして動詞が指す作用を主格にすれば置き換えることができます。例えば「見る人が見る」は、「見る人には見ることがある」と書き換えることができます。また「馬が走る」という命題は、「その馬には走ることがある」という文章に置き換えられます。『中論』ではこのような置き換えは頻繁になされています。

第八章第二偈には「実在〔の行為者〕に行為はない」という文章が見られます。これは「実在〔の行為者〕は行為をしない」と同じことを意味します。

第八章の場合、行為者と行為がそれぞれ補集合的な配分を受けます。まず行為者は実在のもの（サット sat）と非実在のもの（アサット asat）と実在であり非実在のもの（サッド・アサット sad-asat）と三種に分割されます。「〔あるものが〕実在であり非実在である」とは矛盾ですから、実際には実在のものと非実在のものとの二つによって補集合的分割は済んでいます。この章ではいわゆる伝統的な四句分別の伝統に従って「実在であり非実在のもの」という第三のケース（格）を挙げているのです。また行為も実在のもの、非実在のもの、および実在であり非実在のものの三種に分割されています。第四格の「非実在であり、かつ非実在でもないもの」はこの章では問題にされていません。

このようにこの章では「行為者は行為をする」という際、行為者および行為はそれぞれ三つに分割されています。したがって、以下のように九つのケースがあることになります。龍樹はこれらのケースのすべてをひとまず否定します。否定の後の言葉のよみがえりについては第一二偈考察の際に述べます。

I　実在の（sat-）行為者が
a. 実在の（sat-）行為をする。　ケース1
b. 非実在の（asat-）行為をする。　ケース2
c. 実在・非実在の（sad-asat-）行為をする。　ケース3

II　非実在の（asat-）行為者が
a. 実在の行為をする。　ケース4
b. 非実在の行為をする。　ケース5
c. 実在・非実在の行為をする。　ケース6

III　実在・非実在の（sad-asat-）行為者が
a. 実在の行為をする。　ケース7
b. 非実在の行為をする。　ケース8
c. 実在・非実在の行為をする。　ケース9

以上の九つのケースが第八章において言及されています。第一から七偈ではケース1とケース5が扱われます。第七から八偈ではケース9が扱われ、第九から一一偈では残りの六つのケースが簡単に触れられています。

第一二から一三偈ではそれまでとは異なる論法が見られます。第一偈から第一一偈までは考察されるべき命題はほとんど否定で語られていましたが、第一二偈では否定は見られません。第一一偈までに述べられる過程は、迷いの世界にある者の「俗なる」言葉が否定されていく過程を示しているのです。第一二偈では今まで否定されていた言葉が肯定されます。これは「俗なる」言葉が「聖なる」空性に至って再び世俗の世界に蘇った言葉（仮説、仮設）を示しています。このような考え方は第二四章第一八偈においても見られます。

8・1　この実在の行為者は
　実在の行為をしない。
　非実在の行為者も
　非実在の行為をしようとはしない。

第一偈前半ではケース1が、後半ではケース5が想定されており、それぞれのケースが否定されています。『中論』では動詞√as（～である、存する）の現在分詞としての「サット」（sat）は「存在のもの、永久恒常なもの」という意味で幾度も用いられています［Tachikawa 2007:243-244, 253-254］。「非実在のもの」（アサット　asat）とは、存在の影すらないという意味です。ここで龍樹が実在と非実在のものを分けるかぎりでは論理的には正しいといえましょう。しかし、内容的には「実在」とはまったく変化を受け付けないものであり、「非実在」とは存在の影すらなく何の作用もないものという意味で龍樹はこれらの語を用いています。

第一偈後半の「非実在の行為者も　非実在の行為をしようとはしない」とはケース5を扱っています。「しようとはしない」（イーハテー īhate）は元来「〜を望む」という意味ですが、『中論』ではここで一度用いられているのみです。第二偈は第一偈前半の理由です。

8・2　実在〔の行為者〕に作用はない。

行為が行為者なきものとなろうから。

また、実在の〔行為〕にも作用はない。

行為者が行為なきものとなろうから。

第二偈第一句の「実在〔の行為者〕に作用はない」は、この章の解説のはじめに述べたように「実在〔の行為者〕は行為をしない」と置き換えることができます。「実在の行為者が実在の行為をする」というケース1はすでに第一偈前半において否定されたのですが、第二偈前半は第一偈前半の命題を書き換えてケース1を改めて扱っています。もっとも第二偈前半は第一偈前半の理由を述べるためのものであったのですが。

第二章第八〜一〇偈では「まず歩行者は歩かない」（歩行者に歩くことがない）という命題が二段階に分けて考察されました。第一は「歩行者」に歩くという動作（作用）があると考えられる場合であり、第二は「歩くこと」に歩く作用があると考えられる場合です。作用は一つしかないのですから、第一の場合には「歩くこと」に作用がなくなり、第二の場合には「歩く」に歩くという作用がないことになります。いずれの場合も成立しないゆえに、「まず歩行者は歩かない」という命題は成立しないと龍樹は主張していました。

第八章第二偈の場合も第二章と同様に考えられます。すなわち、第八章第二偈に「実在〔の行為者〕に作用はない」という命題の考察において、一つしかない作用が「行為者」にある場合と「作用」にある場合との二つのケースが考えられています。第一の場合、「行為者に作用がある」という場合の「作用」に作用が存在しないことになります。第二の場合、「行為者」は作用を有しないことになると考えられます。第一のケースが偈前半において、第二のケースは後半において扱われています。ここでの二つの接続詞「チャ」（ca　そして）は偈の前半と後半を並列的に述べるために用いられています[1]。

二　非実在の行為者は非実在の行為をしない

次の第八章第三偈は第一偈の後半の説明です。

8・3　もし非実在の行為者が
　　非実在の行為をするならば、
　　行為に因はなく、
　　行為者にも因がないことになろう。

第三偈は、ケース5が成立するならば、どのような不都合が生ずるかを述べています。すでに述べたように「非実在の行為者」とは、ここでは存在の影すらないまったき無の行為者を意味します。同様に「非実在の行為」も存在の影すらない無の行為を意味します。そのような無である行為や行為者には因として機能する因は存しないというのです。

次の第四偈において第三偈第三句「行為に因はなく」が改めて考察されます。

8・4　因がないときには
結果も条件もない。
それら〔果と因〕がないときに
作用も行為者も作具もない。

瓶を作る場合、粘土などが因であり、ヘラ（篦）などが条件でした。偈前半に「因がないときには結果も条件（カーラナ）もない」とあります。(2) 粘土などの因がなくてもヘラなどの条件はあるではないか、という反論も考えられますが、ここでは、粘土というような因がないとき、つまり、瓶が作られなかったときには、条件となるはずであったヘラなどの作具（カラナ）は使用されることはなかった、すなわち、条件は存在しなかったと考えられています。

第二句に見られる「条件」（カーラナ　kāraṇa）という語は『中論』では一六回現れますが［Tachikawa 2007:188］、主として第四章と第八章に用いられています。第四章では「物質（色）の因

（カーラナ）」という語は地・水・火・風という元素を意味しました。「カーラナ」は山口訳２（一三一頁）では「能作なる因」と訳されています。中村訳（二八二頁）では「能動因」、［奥住　一九八八：三〇八］では「作因」とあります。

第三句の「それら」とは結果と原因を指します。月称注（プサン版　一八三頁）には「結果と原因」とあり、宇井訳（二六五頁）にも「其因も果も」とあります。

第五偈では第四偈からの議論が続きます。

８・５　作用等があり得ないときには
　　善行（法）と悪行（非法）もない。
　　善行と悪行がないときには
　　それらから生まれる結果もない。

第五偈においても龍樹の意見が続きます。ここでは龍樹は善行（法）、悪行（非法）さらにその結果が一般的生活においては必要なことを認めています。「行為者が行為をする」という命題さえ認めなかった龍樹が、「善行と悪行がないときには　それらから生まれる結果もない」というような世間的常識を認めています。

これまでは「行為者が行為をする」という場合の行為者や行為は実体視されたものであり、龍樹が論破しようとしていた反論者の考える行為者や行為でした。しかし、第五偈後半に見られる「善行から良い結果が生まれる」というような考え方が肯定されています。これは否定作業を終えた立場（仮説）が語られていると考えられます。

ダルマは一般には法則、教え、正義などを意味しますが、ここでのダルマ（法）は法にかなった行いを意味します。龍樹の時代にはすでにアビダルマ教学が確立していましたが、アビダルマ教学では世界を構成要素に分類しそれぞれの要素をダルマと呼びますから、行為もダルマと呼ばれます。したがって、煩悩という意味で悪い心の作用もダルマと呼ばれました。第五偈では善行（ダルマ）が必要であることを龍樹自身も認めています。龍樹の思想におけるこのような肯定的側面はこの章の第一二偈にも見て取ることができます。

次の第六偈も龍樹の考え方を述べています。

8・6　報いがないとき
　解脱と天界に至る道もない。
　そして、すべての行為も
　無意味となろう。

ここでは解脱に至る道と天界に至る道の二種の道が述べられています。一つは解脱、すなわち、苦しみの連鎖である輪廻から抜け出ることです。一方、人は罪が清められて天界に行くことができるというのはヴェーダ期以来、インド人たちが持ち続けている考え方です。

今日、ガンジス河の水によって身を清められ、天界（スヴァルガ）に行くことができると多くのインド人が信じています。一方、仏教では修行をして輪廻より解脱するという考え方が正統であることになっています。インドでは古来、このように異なる「死後の世界観」が見られますが、日本人の間でも死んでから墓で眠るという考え方と、輪廻を続けるという考え方、さらにはわずかでしょうが「わたしは解脱する」というようなさまざまな考え方が混在しています。

解脱と天界に至る道もなく、すべての行為が無意味となるとは正しくないと龍樹は答えています。したがって、「良い行為が良い結果を生む」という考え方が龍樹自身にあることになります。彼は実在の行為者が実在の行為をするというようなアビダルマ仏教的な理論は認めませんが、彼自身、ある場面では行為者と行為は存在すると考えているのです。

龍樹自身は「因がなくてもよい、壺を作るときに粘土などなくてもよい」と述べているわけではありません。また法にかなった行いと非法の行い、悪行の区別がなくなってしまってもよいと考えているのでもありません。ただ、彼は、「行為者が行為をする」というような文を話す場合、「行為者」という言葉に対応する実在の行為者があると考える危険があると指摘します。アビダルマ哲学はそのような危険を犯した例だというのです。言葉があるゆえにその言葉の指し示すものが存在するとアビダルマ哲学では考えられます。外界において言葉に厳密に対応するような実在は存在しないのだというのが龍樹の基本的な態度です。

三　実在かつ非実在の行為者は行為をしない

第七偈はケース9を扱っています。

8・7　実在かつ非実在の行為者は
　実在かつ非実在の行為をしない。
　なぜならば、相矛盾する実在するものと非実在のものが
　どうして一つのものから生まれようか。

「実在（sat）であり、かつ非実在（asat）」とは四句分別の第三格です。「実在であり非実在」（sad-asat）とは矛盾であることを龍樹は知っています。四句分別の第三のケースに関しては二つの考え方があり、存在かつ非存在、つまりAかつ非Aというような連言と解釈されれば、これは矛盾です。一方、存在であるか非存在であるかどちらでもよいというように選言と解釈することも可能です。四句分別に関しては［立川　一九九四：二五〇～二六九］を参照されたい。

第八偈第一句はケース2を否定し、第二句はケース4が否定されます。

8・8　実在する行為者によって非実在の行為はなされない。

また非実在の行為者によっても実在の行為はなされない。
なぜならば、その場合にはあなたに
あらゆる過失が伴うから。

第八偈前半における二命題は受動態で表されています。「実在する行為者が非実在の行為をしない」という命題は、「実在する行為者によって非実在の行為はなされない」と『中論』の論議では書き換えることができます。

第九偈はケース2とケース3を扱っています。

8・9　実在の行為者は
非実在の行為も
実在であり非実在の行為もしない。
先に述べた理由によって。

「先に述べた理由」とは、第二偈等を指しています。第九偈はケース2およびケース3を扱っています。ただ第八偈では受動態が用いられ、第九偈では能動態が用いられています。

次の第一〇偈はケース5とケース6を扱っています。

8・10　非実在の行為者は
　　非実在の行為も
　　実在であり非実在の行為もしない。
　　先に述べた理由によって。

「先に述べた理由」とは、第四偈等を指しています。
第一一偈はケース7およびケース8を否定しています。

8・11　実在であり非実在の行為者は
　　実在の行為も非実在の行為もしない。
　　それは先述の理由によって
　　知るべきである。

「先述の理由」とは、第七偈等を指しています。以上で九つのケースの考察がすべて終わりました。

四　行為と行為者との相依関係

第一二偈ではそれまでとは異なった角度から行為と行為者との関係が考察されます。

8・12　行為に依って行為者があり、
　　行為者に依って
　　行為が起きる。これ以外の
　　成立理由をわれわれは見ない。

　ここで龍樹の論法は変わります。この偈では龍樹は、行為者と行為とが成立することを認めています。行為に依って行為者があり、行為者に依って行為があると考えることは、「行為者が行為をする」という命題が成立することを認めることでもあります。また「行為者が行為をする」という文章は、行為者に依って行為が存在することを承認することによって可能です。ところで「行為者が行為をする」という命題は、これまで龍樹がその成立を認めなかった種類の命題です。この偈の「依って」（プラティートヤ　pratītya）は、縁起（依って生ずること　プラティートヤ・サムトパーダ）における「依って」の意味であることに注目しましょう。

　ここで次のような反論が予想されます。「龍樹よ、あなたは勝手に行為者を三つのケースに分け、行為も三つのケースに分けて、九つあるケースに分けてそれらすべてを否定した。だが、われわれが「行為者が行為をする」という命題を提示した時、われわれは、龍樹よ、あなたのように三つには分けて考えていたわけではない。あなたが勝手に「実在のもの」とか「非実在のもの」に分けているだけであって、われわれはそうは考えていない。「行為者が行為をする」という命題を述べた時は当然われわれも「行為に依って行為者があり、行為者に依って行為がある」ということを考えていたのだ」と。

当然予想されたこのような反論に龍樹は直接は答えないのですが、「第一二偈の内容は否定をくぐってきて、言語というものが消滅してまた蘇ってきたすがたである。そういった否定の過程を経ない文章、言葉はまだ俗なるものであって聖化はされていないのだ」というでしょう。

最後の第一三偈はこの章の結論です。

8・13　このように行為と行為者の
　　存在の論破によって取をも知るべきである。
　　行為と行為者によって
　　残りのものをも考えるべきである。

われわれは行為者として行為をしています。行為をすることによってそれぞれの自己の経験したものへの執着およびその結果が蓄積されていきます。そのことを「取」（ウパーダーナ）といっています。行為者が行為したその結果に執着し、それを自分に取り込んでいくのです。社会に出て、年を重ねることによって一人の人間においてさまざまな経験が積み重なり、それらに執着していきます。この執着を「取」といいます。もっともここでの「取」は執着する行為そのものというよりは、むしろ長年に亘って執着した結果の集積を指します。

第四句の「残りのもの」とは、歩く者と歩くこと（第二章）、見る者と見られるもの（第三章）、原因と結果（第四章）などを指します。月称は、行為者や行為が自性（不変恒常の実体）を有してはいないゆえに「知者は〔行為者と行為が〕互いに依存しあって成立することを示すべきである」（プサン版　一九〇頁）と述べています。

注

（1）宇井訳（二六五頁）では第二句と第四句における「そして」（チャ　ca）を「故に」と訳していますが、このサンスクリットは「そして、および」を意味する ca です。接続詞 ca は「故に」と訳すべき場合はありますが、ここでは第一句が第二句の理由になっているとは理解できないゆえに、宇井訳の「故に」は適切ではないと思われます。平川訳（三六五頁）では「しかして」とあり、渡辺訳（三三頁）では「また」とあります。山口訳2では「また〔その時には〕」とあります。

（2）ドゥ・ヨング版（一一頁）では、第二句において条件（カーラナ　**kāraṇa**）という語を用いています。プサン版（一八一頁）では「作具」（カラナ　**karaṇa**）です。チベット訳（プサン版　一八二頁）は作具、つまり道具（**byed**）の意味で訳しています。「カーラナ」（**kāraṇa**）はすでに偈前半において述べられていますから、この箇所は「カーラナ」（**kāraṇa**）ではなくて「カラナ」（**karaṇa**）とすべきとも思われますが、ここではドゥ・ヨング版に依りました。

第九章　見る働きとそれに先行する者の考察

一　見る働きに先行する者が存するという反論

龍樹自身は各章のタイトルを付けてはいません。当然、各章の段落を示しているわけでもありません。従来の注釈者は自分たちの理解に従って各章のタイトルを付けてきました。

第九章のタイトルは月称注によれば「プールヴァ（先行する者）の考察」です。この章ではわれわれの見る働きや感受作用に先行して存在する者、すなわち我があると反論者がいうのに対して、そのような感覚作用に先行して存在する者はないと龍樹は主張したと解釈されたのです。本書では章のタイトルを「見る働きとそれに先行する者の考察」としています。

ヒンドゥー教では一般にアートマン（我）の実在性を認めますが、仏教の諸学派のほとんどは我の存在を認めません。しかし、上座部に属する正量部《しょうりょうぶ》や犢子部《とくしぶ》など部派仏教の中のいくつかの学派は我（プドガラ）の存在を認めていました。大乗仏教において「我」（アートマン）という概念が肯定的に用いられる場合がありますが、龍樹はそのような我の存在を認めません。

『中論』第一～三章および第八章では法・有法（ダルマ・ダルミン）関係が龍樹の論議の重要な「水

平」となっていました。もっとも龍樹が『中論』のなかで「法・有法関係」という表現を用いているわけではありません。『中論』における「縁起せる二項」（生ずることともの、歩くことと歩行者、見ることと見られるもの等）の考察にあっては、その二項のいずれかあるいは両方が補集合的関係にあるものに分割されていました。

しかし、第九章では見る働き等と我との関係を考察する際の水平は前後関係です。したがって、属性とその基体とを「同時における関係」によって考察する場合とは別の種類の考察が必要になります。

反論者が第一偈において「見る働きなどに先行して我が存在する」と主張します。

9・1　見る働き、聞く働きなど
　　さらには感受などを有する者が
　　それらの働きより先に存在する、
　　とある人びとがいう。

「見る働き、聞く働きなど」の「など」は味わう働き等を指し、次の「感受など」の「など」は接触等を意味します。先に存在する者はすでに述べたように我（アートマン）ですが、反論者が述べるような我の存在を龍樹は認めません。見る働きと我との関係は、第二章における「歩くことと歩く人」という二項とは違って、龍樹の論議において重要な要素となる「縁起の関係にある二項」ではありません。「我が見る」というような命題が反論者から提示された場合には、龍樹はそのような反論は第三章などにおいて「見る者が見る」という命題を考察した際に回答済であるというでしょう。

第九章においては「先行する者が見る」というような命題が考察の対象として取りあげられるのではなくて、我と見る働きなどの間の関係が先・後・同時に分割されて考察されています。第一偈で龍樹は、先・後・同時に分割された内の第一の「先行する者」を扱っており、「我」（プドガラ）というような語を用いることなく論議を進めています。ここの反論者にかんしては、山口訳2（一五二〜一五三頁）を参照されたい。

第二偈は第一偈の反論の続きです。

9・2　というのは、存在しない者に
どうして見る働きなどがあろうか。
それゆえ、それらより先に
かの確立したものが存在する。

ここでは「バヴァ」（bhava）を「もの」と訳しました。「物」と訳すと物質を連想させます。「音楽は面白いものだ」とはいいますが、「音楽は面白い物だ」とはいいません。また「音楽は面白いことだ」ともいいません。また「音楽に関心を持つことはいいことだ」とはいいますが、「音楽に関心を持つものはいいことだ」や「音楽に関心を持つことはいいものだ」などとはいいません。ここでは

「物」という訳語を用いずに「もの」としておきます。もっとも「もの」という訳語は場合によって「物」、「者」および「事」のいずれかを指すことがあるのはいうまでもありません。
第二偈は第一偈の内容のいい換えです。ここで反論者は「見る働きがない場合に我は存しないかもしれないが、見る働きが現に存在するのであるから、その働きを有する我（プドガラ）が働きより先に存在する」と主張しています。

二　先行する我は存しないという龍樹の批判

次の第三偈において龍樹が答えます。

9・3　では、見る働きや聞く働きよりも
また感受作用よりも先に
確立したそのものは
何によって知らされるのか。

見る働きより前にその存在が確立しているものが存在するというならば、どのようにしてその先行する者の存在を知らしめることができるのか、と龍樹は問います。見る働き等によって我の存在を知らしめることができるゆえに、その見る働き等よりも先に、つまり、離れて我が存在するというならば、その我の存在を知らしめるものは何かというのです。
「知らしめられる」(プラジュニャプヤテー prajñapyate)とは、「知る」を意味する動詞「ジュニャー」(√jñā)の使役形の受動態です。「知らしめられる」とは結局は「知られる」ことなのですが、認識の標識となることを意味します。『中論』において重要な偈である第二四章第一八偈「三諦の偈」に見られる「仮説」(仮に説くこと　ウパーダーヤ　プラジュニャプティ)にも用いられる語です。唯識思想の基本的テキストである『唯識三十頌』の「唯識」も「プラジュニャプティのみであること」を意味しており、この場合の識も元来は「知らしめるもの(標識)」を意味します。
第四偈は反論に対する龍樹の答えですが、この偈では『中論』においてしばしば用いられる論法が見られます。

9・4　見る働きなどがなくても
〔存在の〕確立しているかの者(我)があるならば、
その確立している者がなくても
見る働きなどがあることに疑いはない。

見る働きより先にもし我が存在すると反論者が考えるならば、その我と見る働きとは別のものであるはずだ、と龍樹は主張します。反論者のいうように我と見る働きが別個のものならば、見る働き等がなくても我は存在するであろうし、我がなくても見る働き等は存在するというのです。

9・5　あるものによって、ある者が表され、
ある者によって、あるものが表される。
あるものがなくて、どうしてある者があるのか。
ある者がなくて、どうしてあるものがあるのか。⑴

この偈においては「ある者」（不定代名詞、男性）は我を指し、「あるもの」（不定代名詞、中性）は見る働き等を指しています。この偈は龍樹の側からの考え方ですが、このような相互依存関係は、龍樹の意味するところと完全には一致しないとしても、反論者も認めるところでしょう。この偈においても龍樹の考える縁起の思想に近いものがあります。

三　見る働きと先行者との関係

次の第六偈が龍樹の考えなのか、反論なのか、については注釈者によって異なります。

9・6　すべての見る働きなどより先行して
ある者が存するわけではない。

見る働きなどの中の個別のものによって、さらに
別の時においてその先行者は表される。

青目注羅什訳と安慧注によれば、この偈は龍樹の見解です。青目注第六偈を羅什は「一切の眼等の根、実に本住あることなし。眼耳等の諸根は異相にして分別す」（大正蔵　第三〇巻　一三頁）と訳しています。「異相にして」とは、見る働きによって見る者が表され、聞く働きによって聞く者が表されるのであって、見る働きによって聞く者が表されるのではないというのです［宇井　一九二〇：八四］。この偈に対する青目注羅什訳は以下のようです。

すなわち「眼や耳の感覚器官、苦楽等の諸法に本住（感覚に先行する我）は存在しない。眼によって物質（色）を対象として眼識が生まれる。和合因縁によって眼等の感覚器官のあることが認識されるのである。本住によって認識があるのではない」とあります（大正蔵　第三〇巻　一三頁下〜一四頁上）。羅什訳では和合因縁によって眼等の器官があることを知ると述べられており、「本性（自体）をもって」ではないにしても、ともかく眼等が存在することを認めています。羅什はこの偈において龍樹の縁起説が説かれていると主張しています。この注には青目本人の注ではなくて、羅什自身の解釈が付け加わった可能性もあります。羅什はしばしば翻訳において自身の考え方を述べていると考えられます［立川　二〇二一b：一三五］。安慧注は偈の内容を龍樹の考え方と解釈して、偈の内容をいい換えていると思われます（大正蔵　第三〇巻　一五四頁上）。

一方、無畏注、仏護注、清弁注および月称注では第六偈は反論であると解釈されています。反論の

内容は以下のようです。「われわれは感覚器官のすべての働きに先行してあらゆる時に我が表されると主張しているのではない。われわれにはものを見ている時もあり、聞いている時もあり、何も触っていない時もある。何かを見ている時には見る者というすがたで我が表され、何かを聞いている時には聞く者としての我が現れるのである」。ようするに、すべての感覚器官より先行して一つの我が常に存在するわけではないという反論です。この解釈の方がスムーズな議論のように思われます。

第七偈は青目注によれば反論であり、無畏注、仏護注、安慧注、清弁注、月称注によれば龍樹自身の主張です。

9・7　すべての見る働きなどより
先行するものがなければ、
見る働きなどの一つ一つに先行する者が
どうして存在しようか。

青目注において想定されている反論は「見る働きなどの一つ一つの感覚器官がどのようにして対象を見ることができよう」と主張します。諸感覚器官自体には思惟はなく、知ることもないにもかかわらず、対象を認識することがある。したがって、その対象を認識する者は我に他ならない、というのです。青目注には「もし一切の眼や耳などの諸感覚器官（根）や苦楽などに本住（先行する実在者）がなければ、一つ一つの器官がどうして対象（塵）を知ることができよう。眼や耳などの諸感覚器官には思惟はなく、諸感覚器官に思惟はなく知る能力もない。しかし、実際には対象の認識がある。したがって、眼や耳などの諸感覚器官を離れて対象を認識する者が存在すると知るべきである」とあります(大正蔵　第三〇巻　一四頁上)。

月称注では第七偈前半が反論であり、後半はそれに対して龍樹が答えていると解釈しています。つまり「すべての見る働きなどより先行するものはない」(偈前半)と反論者が考えたとしても、龍樹は「見る働きなどの一つ一つに先行する者がどうして存在しようか」(偈後半)と答えたと解釈しています(プサン版　一九五頁)。そして、月称は偈後半の説明として次のような譬えを述べています。「例えば、すべての樹木より先に林がないという場合、林は一本一本の樹木よりも先に存在するわけではない。また、すべての砂の中に油が生ずることのないとき、一粒一粒の砂の中に油が生ずることのないように」(プサン版　一五五頁)。この偈に関する清弁の解釈については、山口訳2(一五八頁)を参照されたい。

四　見る者にかんする龍樹の見解

第八偈は龍樹の見解です。

9・8　見る者がそのまま聞く者であり、
　　聞く者が感受者であれば、

彼は一つ一つに先行して存しよう。
しかし、そのようなことはあり得ない。

ここでは見る者と聞く者が同一であると仮定された場合を考察しています。青目注では、見る者がそのまま聞く者であり、聞く者が感受者であるようなことがあれば、「すなわち是れ一神なるべし」（大正蔵　第三〇巻　一四頁上）とあります。この場合の「神」は、見る者あるいは聞く者というような心的存在を意味します。仏護が、見る者がそのまま聞く者であり聞く者が感受者である場合を「我（アートマン）の同一性（エーカトヴァ　**ekatva**）」と呼んでいることを月称が自身の注の中で引用しています（プサン版　一九六頁）。この箇所の月称注では「プドガラ」ではなく「アートマン」という語が用いられていますが、同じものを指していると考えられます。

第九偈では見る者と聞く者が異なると仮定された場合が扱われます。第八偈からの議論の続きです。

9・9　見る者と聞く者と
感受者がそれぞれ別個のものならば、
見る者があるとき、聞く者も存することになろう。
そのような場合には、我は多数となろう。

第一〇偈では、地・水・火・風という要素から見る働き、聞く働き、感受作用などが生まれてくるという説を龍樹が批判します。

9・10　見る働きや聞く働きなど
　　さらには感受作用などが
　　諸元素から生まれたとしても
　　その諸要素にもそれ（我）は存在しない。

感覚器官などが存する場つまり身体がかたちづくられている諸要素（地・水・火・風）自体には認識を有する我は存在しないと龍樹が主張しています。

9・11　見る働きや聞く働きなど
　　さらには感受作用などを
　　所有する者（我）がなければ、
　　それら（見る働きなど）もない。

これまでは「見る働きなどがなければ、それを有する者（我）もない」と主張されており、「我がなければ、見る働きなどがない」とはいわれてきませんでした。この偈では「我がなければ、見る働きなどもない」と述べられています。「x（見る働きなど）がなければ、y（我）はない」は「yがなければ、xはない」と等値ではありません。それゆえこの偈では、「yがなければ、xはない」と改めて述べられているのです。

第一二偈はこの章のまとめです。

9・12　ある者が見る働きなどより先にも
同時にも後にも
存在しないときには、その者に関する
存する、存しないという誤った判断はすでに論破されている。

この偈は我から見る働き等への関係を、先・同時・後に分けています。この三種類以外にはないという意味において、この三種への分割は龍樹にとっては補集合的分割です。ある者すなわち我が見る働きの先・同時・後にあると仮定された場合、かの者が「存する」あるいは「存しない」という六種のケースはすべて否定されていると龍樹は主張するのです。

注

（1）プサン版では第四句に kaṃ（ある者）とあり、ドゥ・ヨング版では kim（あるもの）とあります。今、プサン版によります。

第一〇章　火と薪の考察——能動と受動——

一　火と薪との一体性と別体性

『中論』第一〇章には一六偈あります。この章をどのような段落に分けるかは注釈者によって違いがあります。わたしは三段落に分けて考えています。第一段落は第一偈から第七偈まで、第二段落は第八偈から第一二偈まで、第三段落は第一三偈から第一六偈までです。

第一の段落では、火と薪が一体であるか、別体であるかについて考察されます。第二段落では「火と薪が依存関係にある」という反論が批判されます。この場合の「依存」（アペークシャー）とは二つの項、例えば、火と薪が最終的には同一のものであることを意味しており、龍樹が最終的に主張しようとする縁起（プラティートヤ・サムトパーダ）とは異なります。

第三の段落は総論です。特に第一三偈と第一四偈は、第一および第二の段落とは異なる観点から火と薪との関係を扱っています。第一四偈は、火と薪が五つの関係（五求《ごぐ》と呼ばれるインド古来の二項関係）に配分されてそれぞれ考察され否定されています。第一五偈と第一六偈は、火と薪の考察が他の関係にも適用可能であると述べています。

この章において「火」とはサンスクリットでアグニ（agni）、「薪」とはインダナ（indhana）です。「火」は能動的な行為をなすものであり、「薪」は行為を受けるもの、受動的なものです。青目注の羅什訳では火を「燃」と訳し、薪を「可燃」としています。このように第一〇章は能動的作用のあるものと能動的作用を受けるものという二項を扱っています。この章では薪と火は能動的作用を受けるものと能動的作用そのものとの関係にあるとは考えられていません。月称注に「薪は炎に包まれて燃える」（プサン版　二〇五頁）とあるように、火はものを焼く働きあるいは作用そのものというよりは、焼く作用を有する何ものかと考えられているのです。

『中論』第二章においては、まず「歩かれる場所」（道）と歩くこと（動作）との関係」が考察され、次に「歩行者と歩くことの関係」が考察されました。歩行者と歩くこととは、行為者と行為の関係にありますが、歩かれる場所と歩くことの関係は、動作が存在する場と動作との関係でした。第三章では「見る働きと見られるもの」の関係や「見る人と見ること」の関係が取りあげられていました。第四章では原因と結果が取りあげられました。このように各章では二つ、時には三つの「深い関係にあるもの」つまり「縁起の関係にある二項」（三つの項の場合には、その三つの内の「二つずつ」）が取りあげられます。

この「深い関係にある」とは、ほとんどの場合、文章に表されたときに主語と述語あるいは名詞句と動詞句として表されることを意味します。例えば、「人が歩く」というときには「人が」が主語で「歩く」は述語動詞です。この命題では人と歩くことの関係が表現されています。第四章に見られた「原因」と「結果」は一つの文章の主語と述語とはなりません。もっとも「原因は結果を有する」といえば「原因は」という名詞句と「結果を有する」という動詞句の一部になりますが、「歩行者には歩くことがある」という命題によって表現される動作の主体と動作との関係は、原因と結果の関係とは異質です。

「燃やすもの」と「燃えるもの」すなわち「火」と「薪」とでは、「人が歩く」と同じような文章を作ることはできません。少なくとも第一〇章では見られません。この章では薪は燃やされるものであって燃えることという作用そのものではありません。それは歩かれる場所（ガンタヴヤ）が歩く動作を意味しないのと同様です。同様に、少なくともこの章では、火も何ものかを燃やすものであって燃やす作用を意味してはいません。

「火は薪を燃やす」という表現は可能です。この命題では、火（行為者）、薪（目的）および燃やすこと（行為）という三つの項（要素）が指し示されています。行為者、目的および行為という三項が一つの文章に表現されるケースは『中論』第二章第二四偈前半（実在の歩く人は三種の歩くことを歩かない）に見られます。しかし、この第一〇章では「主語＋目的語＋述語動詞」という形式を有する文章（例えば、火は薪を燃やす）は扱われていません。

第一〇章第一段落では、燃やすもの（能動的な働きを持つもの）と燃やされるもの（受動的な働きを持つもの）との関係が取りあげられ、両者が一体であるか別体であるかが考察されます。第一偈では火と薪が一体である場合の不都合、さらには別体である場合の不都合が述べられます。

10・1　薪（燃やされるもの）が火（燃やすもの）であれば、

行為者と業は一つとなろう。
もしも火が薪より異なるならば、
薪がなくても〔火は〕あろう。

第二句に「行為者と業（カルマン）は一つとなろう」とあります。この場合の行為者とは「火」であり、「業」とは燃やされるものである薪を指しています。カルマンという語は「行為の作用」をも意味しますが、ここでは「業」と訳しています。薪（燃料）は「燃やされるもの」であって「燃えること」（燃やされること）ではありません。行為者は行為を起こす働きを有する能動的（アクティブ）なものです。宇井訳（二六八頁）、平川訳（三六五頁）、渡辺訳（四〇頁）ではカルマンは「作業」と訳され、山口訳2（一七一頁）では「業」、三枝訳（三一一頁）では「行為（業）」、中村訳（二八五頁）では「行為」と訳されています。

仏教の宇宙観によれば、全世界は神が造ったものではなくて、カルマン（行為およびその結果、業）が作ったものです。机や椅子などもカルマンの結果です。そのような意味では、ここでのカルマンは行為の対象、つまり薪をも意味していると考えられます。現代の日本語には「カルマン」にあたる語がありません。「行為」という語は主として働きを指します。しかし、ここの「カルマン」（業）は働きによってできた結果としてのものをも指しています。

第三句には「もしも火が薪より異なるならば、薪がなくても〔火は〕あろう」とあります。『中論』にあっては「xとyとが異なるならば云々」というように龍樹が反対論者を批判する場合には、龍樹は「xとyは相互にまったく関係がない」と考えています。「一つであるならば」とは、まったく同一のものであるということになると龍樹は考えています［上田　一九五七：七八］(1)。xとyとが同じものであるか、異なるものか、というような場合、同じ側面もあり、異なる側面もあると一般には考えられます。しかし、龍樹は「同じものであるか、異なるものであるか」をいわば0か1かで考えているのであって、0と1との中間は考えていません。同様の論法は『中論』第二章第二一偈等に見られました。

月称注に述べられている反論では、火と薪はそれぞれ自性を有しておりながら火が薪を燃やすとあります。つまり、反論者は火と薪はそれぞれの特質を保ちながら相互に関係する、と主張するのです。月称注には以下のように述べられています。

前章〔第九章〕の注の終わりに「所取〔執着されるもの〕と能取〔執着するもの〕との二つは業と行為者のように自性を伴って存在するものではない」〔プサン版　二〇〇頁〕とあったが、それは理に合わない。ものが〔他のものに〕相互依存〔サ・アペークシャー〕するとき自性を伴ったものであることを見るからである。例えば、火は薪に依存〔アペークシャー〕するが、無自性なるものではない。火には熱いこと、他を焼く機能などの自性と結果〔カールヤ〕が存することが見られるからだ。このように火に依存して薪がある。その薪は無自性なるものではない。〔薪には〕燃やされるべきもの〔チベット語訳：セクパルチャワ〈bsreg par bya ba　北京版西蔵大蔵経　第九八巻　三二三頁四葉一行〉に従う〕の四大種という自性があるからである〔プサン版　二〇二頁〕

（山口訳2、一七〇頁参照）。

ここで述べられている反論にあって、自性（スヴァ・バーヴァ）は永久不変の実体という意味ではなく、作用を行う能力があるというほどの意味です。

四大元素（四大種）という原因がともかく存在する故に、それらに基づいた結果も存在するという反論が第四章第一偈に対する仏護注にも見られました（北京版西蔵大蔵経　第九五巻　八二頁三葉七〜八行）（ワレーザー版　六四頁）。龍樹はこのような自性の存在を認めません。

第二偈では薪と火とが別体であると考えられるときの不都合が述べられます。

10・2　両者が異なるものならば、〔火は〕常に燃えているであろうし、
　燃える原因より生まれるものではなく、
　再び起こす必要もなくなる。
　そのようなときには、〔火は〕作用のないものとなろう。

火と薪（燃料）が異なるならば、すなわち、まったく関係のないものであれば、薪がなくても火は燃え続けていることになります。もっとも薪と火とにまったく関係がなければ、「薪」と呼ばれるも

のがなくとも「火」というものが存在することになります。しかし、ここではそのようなケースが考えられているわけではありません。あくまで火によって燃やされつつある薪と薪を燃やしつつある火との両者の関係が問題にされているのです。そうであるならば、「両者が異なるものならば」という設定自体に無理があるといわざるを得ません。というのは、燃やされている燃料と燃料を燃やしている火が無関係のものである場面を想定しようとしているのですから。

「火によって燃やされている燃料」と「燃料を燃やしている火」の両者のそれぞれには燃やす作用の存在が考えられます。この作用がなければ薪にはまだ火がついていないでしょうし、火も何か他のものを焼いてはいないでしょう。しかし、第一〇章における論議においては、薪と燃やす作用との関係や火と他のものを燃やす作用との関係が取り出されて考察されてはいません。薪と火という二項間の依存関係を扱うというかたちで論議が進められているのです。

薪が燃える原因である火がもしも薪と別のものであれば、火は燃やされる〔燃える〕原因である薪より生まれたものではなくなります。さらに火は燃える原因より起きるものではないゆえに、火が消えた後、再び火を起こす必要もなくなります。

第一句には「〔火は〕常に燃えているであろう」とあり、第四句には「〔火は〕作用のないものとなろう」とあります。これは「両者が異なるものならば」という仮定のもとの話ですが、「常に燃えている〔つまり、火のすがたは見られる〕ことになり、さらに〔薪とは別体である〕火〔そのもの〕には〔薪を焼く〕働きはない」というのです。

第三偈は第二偈に対する補足です。

10・3　〔火は〕他のものに依存しないゆえに
燃える原因より生まれるものではないことになろう。
常に燃えているというならば、
再び〔火を〕起こす必要もないという過失となろう。

火が薪に依存しない（第一句）とは、ここでは火と薪とがまったく別のものという意味です。中村訳（二八五頁）は火と薪が「無関係」とあります。第三偈では、火と薪が異なる場合に生まれてくる過失を改めて述べています。

反論者は第一～二偈における龍樹の返答に満足せず、「火と薪とが異なるものであったとしても火が薪に依存しているといい得る」と反論します。反論者によれば、火に包まれて燃やされているすがたのものが燃料としての薪であり、火はその薪を依りどころ（所依）としているものである、と述べ、火と薪とは相互に依存していると主張する、と月称注にあります（プサン版　二〇四頁）。それに対して第三偈において龍樹が答えているのです。

第四偈は龍樹の主張です。

10・4　そこで、もしも燃やされつつあるものが
薪であるというのならば、
これはただそれだけのもの（燃やされつつあるもの）であるから

その薪は何によって燃やされるのか。

第四偈第一句の「そこで、」とは、火が薪を包みながら燃え上がり、薪が火に包まれて燃えるといったあり方について考察される場合を指しており、反対論者のいう「火に包まれて燃える」場面が「燃やされつつあるもの」と述べられているのです。

第四偈前半にはテキストの問題があります。ここでの和訳はドゥ・ヨング版に従っています。プサン版によれば偈前半は「その場合、この故に（etasmād）、燃やされているものが薪であるというならば」とあります。(2) しかし、月称注には「この故に」の箇所に対する説明はありません。

宇井訳（二六八頁）、中村訳（二八五頁）には「この故に」とあり、渡辺訳（四一頁）には「この故に」はありません。ドゥ・ヨング版には「この故に」の代わりに「それ」（etad）とあります。この箇所のチベット語訳は「このように」（'di nyam du）（プサン版 二〇四頁）です。山口訳2（一七五頁）はチベット語訳に従っているようです。プサン版の読みよりもドゥ・ヨング版の読みの論議の方がよりスムーズに思えます。

第一句に「イドゥヤマーナ」（idhyamāna）とあります。これは受動の現在分詞であり、燃えつつあるものではなくて、燃やされつつあるものを意味します。この語は薪を指しています。中村訳、山口訳、平川訳、三枝訳には「燃えつつあるもの」とあり、渡辺訳には「現に燃えているもの」とあります。[Kalupahana 1986:198] には「今燃えているもの」（the present burning）とあります。「イドゥヤマーナ」（idhyamāna）は動詞 √indh（燃やす）の受動形「イドゥヤテー」（idhyate）の語幹 idhya- に

-māna を加えて作られた現在分詞です。もっともこの語は受動形ですが、「燃える」と訳すことも意味的には可能です。モニエル・ウィリアムズのサンスクリット辞書〔Monier-Williams 1899 : 167〕には idhyate が to be lightened, to blaze, flame と訳されています。この偈では「燃やされつつあるもの」と訳しました（〔山口訳2　一九四九 : 一七六〕参照）。火が能動的なものであり、薪（可燃）は受動的なものとしてこの章では扱われているからです。日本語では一般に「薪が燃えている」というのであって、「燃やされている」ということはほとんどありませんが、ここでは可燃（燃やされるもの）としての薪（燃料）が燃やされていることが重要なのです。同じ動詞√indh の受動態の命令形「イドゥヤターム」（idhyatām）が第四偈第四句に用いられています。

この「燃やされている」と同じような語形が第二章第一偈に見られます。第二章は『中論』における論議のモデルケースであって、『中論』には「第二章ですでに述べた」という句が時々見られます。この章の第一二偈にも見られます。第二章第一偈の「ガムヤマーナ」（gamyamāna）は踏み歩かれているものという意味であって、この語は他動詞√gam（道を踏み歩く）から作られています。第二章の前半では gam は他動詞に用いられているのです。「ガムヤマーナ」は「歩きつつあるもの」（行きつつあるもの）を意味しません。「ヤ」（ya）は受動分詞であることを示す語尾です。「マーナ」（māna）は現在分詞の語尾です。

ここでの反論者は部派仏教の中の学派と考えられます。しかし、ここですこし観点を変えてヒンドゥー教の実在論学派の立場を考えてみましょう。そうすることによって第四偈の問題をより明確に理解できると思われます。ヴァイシェーシカ学派の者たちは、「馬が走る」という場合、走ることが馬に存するのであって、馬自体が走っているのではないと考えます。彼らによれば、馬の身体は、地、水等の実体でできています。馬という存在が成り立つためには、「馬性」という特質（普遍）がそこに存する必要があります。白馬であれば、「白い」という特質（属性）がそこに乗っているから白いのであって、馬が白いのではないのです。馬の身体を構成する地や水が白いわけでもありません。「白い馬が走った」という時には、馬が走ったのではなく、地、水等でできた馬という実体に、白色という属性と走ることという運動が存したのです。「馬という実体に白いという属性および走ることという運動が存する」という認識によって、ヴァイシェーシカ派の者たちは「白い馬が走る」と考えます。

『中論』に戻りましょう。今までわれわれは「燃やされているものは何によって燃やされるのか」という問いにかかわってきました。「馬と走ることが異なるものであれば、馬は何によって走るのか」といった問いは、今われわれが扱っている火と薪の問題に近いものです。

山口訳2（一七五頁）には「ただそれ限りのもののみあるに」とあり、月称注では「ここには、現に燃焼せられているもののみが存するのにという意味であるゆえに、火が薪を焼くのではない。このことより別に火がない」と述べられています（プサン版　二〇五頁）。ここで「炎に包まれて焼かれているもののみ」とあって「薪」という語あるいは概念が用いられていないことに注目しましょう。燃やされている薪には「燃やされているものである」という側面と「薪である」という側面があります。第四偈における反論は「燃やされているものである」という側面に焦点を当てているのです。すなわち「燃やされつつあるものが薪である」という反論に対して、龍樹は「燃やされている」という側面のみをまず第三句において取りあげ、次に第四句において薪自体にかんしてはあらためて「それ（薪）は何によって燃えるのか」と問うているのです。

実在論者ヴァイシェーシカ学派の考え方を再び取りあげてみます。ヴァイシェーシカ流にいえば、「走る」という運動と馬という実体とは別個の存在です。馬という基体に走ることという運動が存在してはじめて「馬が走っている」と表現できます。実体という基体に運動が存するということが実体が動くということなのだ、というのがヴァイシェーシカ学派の考え方なのです。

このようなヴァイシェーシカ的な考え方に沿うならば、第一〇章に扱われる火と薪との関係の問題は次のように考えられます。燃えることという属性がまだ薪という基体に存しない段階を「ただそれのみのもの」つまり「燃やされつつあるのみのもの」と呼んでいるのです。むろん龍樹は実体に運動が存在するという構造を認めません。

この偈において龍樹が批判している部派仏教の考え方によれば、まずもろもろのものに執着する主体（能取）があり、その主体によって執着されるもろもろの対象（所取）が存在します。反論者たちは行為の主体とその行為の対象とは異なると主張します。ようするに、火と薪とは異なるものだというのです。仏護注チベット語訳に述べられる反論では火が「他のものを有するもの」とよばれ、薪が「他のもの」と呼ばれています(3)（北京版西蔵大蔵経　第九五巻　九五頁二葉七〜八行）。

龍樹によれば、「燃えているもの」（焼いているもの）すなわち「火」と「燃やされているもの」すなわち「薪」を分けることはできません。もしも反論者のいうように燃えているものと燃やされているものが異なるものならば、両者の間にはまったく関係がない（すくなくとも龍樹はそのように主張します）のですから、燃え上がることと燃やされているものとの結合はあり得ません。したがって、燃やされるものすなわち薪が燃やされることはない、と龍樹は主張します。

第二章第八偈「歩行者は歩かない」（行く者は行かない）に関する論議を思い出しましょう。その論議は以下のようでした。歩くことが歩行者と結びついて歩行者が成立したときには、「歩く」と結びつくべき歩くことがなくなる。次に、歩くことが「歩く」と結びつくことによって歩くことが成立したときには、歩行者を成立させる歩くことがもはや存しないので歩くことは成立しない。歩行者と「歩く」の両方に歩くことが結びつくと考えた場合には歩くことが二つ必要になるが、そのようなことはあり得ない。

第一〇章第四偈の場合にも同じような論法が見られます。ただ第一〇章の場合、火と薪との関係は歩く者と歩くこととの関係とは異質です。この第一〇章では燃やされる木と燃やされること（燃えること）との関係が扱われているのではなく、燃やされる木と燃やす作用を有するもの（火）との関係が扱われているのです。それは歩行者と歩かれる道の関係、見る者と見られるものの関係等に対応します。第二章では歩行者と歩かれる道との関係は直接論議されることはなく、歩行者と歩くこと（行為）や歩かれる道と踏み歩く行為との関係がまず論議されました。第一〇章において火は焼くという動作を行う主体であるのですが、火と焼くこととの関係は歩くことと歩行者との関係よりも「より近い」と考えられています。この章では「火に燃えることがある」というような命題は扱われていません。このような理由で、第三句に見られるような「ただそれだけのもの」という表現が用いられたのだと考えられます。

10・5 〔薪より火が〕異なるならば〔火は薪に〕至らない。
至らないものは焼かないであろうし、焼いていないものは消えないだろう。
また、消えないものは、
自らの特質を保ちながら存続し続けるであろう。

第一句の「至らない」とは、薪より異なっているものである火と薪との結合が見られないことを意味します。第二句では動詞「ダフ」（√dah 焼く）が用いられています。『中論』においてこの動詞が用いられるのはこの偈においてのみです。第二句の宇井訳（二六九頁）、渡辺訳（四一頁）には「燃えない」とありますが、ここでは火が薪を焼かないという意味ですので、偈中に目的語は明示されていないのですが「焼かない」と訳しました。月称注には第四偈第三句の説明のなかで「燃やされつつある」（イドゥヤマーナ idhyamāna）と同じ意味で「ダフヤマーナ」（dahyamāna 動詞√dah の受動の現在分詞）が用いられています。

10・6 火が薪より異なるものであって(4)
薪に到達するであろう、というならば、
女が男のもとに至り、
男が女のもとに至るというのと同じであろう。

異なるものの譬えとして男と女が用いられています。火と薪の関係がもともと別体である男と女の関係とは異なるというのです。龍樹はここで火と薪の関係が男と女のそれとは異質であることを認めていますが、火と薪が一体であることを認めようとしているわけではありません。火と薪との関係の論議はさらに続きます。

第七偈は第六偈の内容を改めて述べています。

10・7　もし火と薪が互いに
離れたものならば、
薪と異なった火は望むままに
薪に到達するはずである。

「望むままに」とは、思いついたときにはいつでも、という意味です。例えば、男と女が望んだときには、というように。一方、燃えるもの（火）があるときには燃やされるもの（薪）は存在しますが、片方がないときにはもう一方は存在しません。男と女の場合はそうではありません。

二　火と薪との依存関係

「薪に依存して火があり、火に依存して薪がある」という反論を想定して龍樹は反論者の考える

「薪と火との依存関係」に関する疑問を提示します。

10・8　薪に依存して火があり、
火に依存して薪があるならば、
それに依存して火あるいは薪が存するための
先に成立しているそのものとはどちらなのか。

この偈に見られる、反論者のいう「依存して」は「アペークシュヤ」（apekṣya）であり、龍樹の主張する「縁起に依って」（プラティートヤ）とは意味が異なります。「xがyに依存し、yがxに依存する、と反論者のように考える場合には、xとyの間には明確な前後関係が成立していなければならない」と龍樹は批判します。最終的には反論者のいう「xがyに依存して」が「xとyが同一である」を意味すると龍樹は考えています。もっとも反論者は龍樹のいうような依存関係を考えていたわけではなかったでしょうが、龍樹は一方的に決めつけて論議を進めます。

10・9　薪に依存して火があれば、
すでに成立している火をさらに成立させることになり、
そうであれば、薪もまた
火を有しないものとなろう。

第一句は「すでにその存在が確立している薪に依存し、すでにその存在が確立している火が存するというならば」を意味します。そのような状況にあれば、薪自体は火を有しない、すなわち、火によって燃やされていないものとしてあるというのです。しかし、反論者は「薪に依存して火がある」とは、薪が薪としてあるのは火を俟ってはじめて可能となるのであって、薪を必要としていない火、あるいは火を必要としていない薪を考えているわけではないと考えているに違いありません。第四句の「火を有しない」とは薪が火との結合を有しない、つまり、火によって燃やされていない、を意味します。

10・10　もし甲が乙に依存して成立し、
またその依存される乙が
甲に依存して成立するならば、
どちらがどちらに依存して成立するのか。

すでに第八偈注において述べたように、「依存して」（アペークシュヤ）は反論者の主張する依存関係を指しているのであって、龍樹のいう縁起の意味での「縁って」あるいは「依って」（プラティートヤ）ではありません。反論者のいう依存関係を龍樹が批判するときの根拠は、「xに依存してyがある」という場合、二項（xとy）の前後関係は決定している必要があるが、それを決定するためには二項は自性を伴ったものであることになろう。しかし、そのような自性の存在を認めることはできないというものでした。

しかし、このような龍樹の主張はいささか一方的です。龍樹のこのような批判に対して、反論者は龍樹が彼らに向けた批判と同様のことを龍樹に対しての反論として向けるでしょう。すなわち、龍樹のいう縁起の考え方にあっても「xによってyがあるというではないか」と反論するでしょう。そのような場合、龍樹は「自分のいう縁起の理法にあってはxやyは無自性なるものであるから、あなた方〔反論者〕のいう自性を伴ったxやyではない」と返答するに違いありません。それに対して反論者は、「あなた〔龍樹〕のいう縁起においてxによってyがあるというならば、われわれもxによってyがあるということができる程度の自性を考えている」というでしょう。事実、『中論』第一三章第三偈に対する青目注羅什訳にはそのような反論が述べられています。

次の偈は第一〇偈の補足説明と考えられます。

10・11　もしあるものが〔他のものに〕依存して成立するというならば、
まだ成立していないものはどのようにして〔他のものに〕依存するというのか。
またもしすでに成立しているものが依存するというのならば、
それが〔他のものに〕依存することはあり得ない。

ここでは、あるものが他のものに依存して成立する場合、「まだ成立していないものが依存する」ケースと「すでに成立しているものが依存する」ケースという補集合的分割を行って龍樹は議論を進めています。

10・12 火は薪に依存しているのでもなく、
火は薪に依存しないのでもない。
薪は火に依存しているのでもなく、
薪は火に依存しないのでもない。

第一二偈において、火が薪に依存する場合と依存しない場合、薪が火に依存する場合と依存しない場合、合わせて四つの場合がすべて否定されています。この場合「火は薪に依存している」とは火と薪が一体である、を意味し、「火は薪に依存しない」とは火と薪がまったく関係のない別体であることになると龍樹が考えていることはすでに述べました。むろん反論者はそのようには考えていないのでしょうが、龍樹はそのような方向で議論を進めます。このような論法はこの偈に限ったことではなく、他の箇所でも見受けられます。例えば、第四章第六偈では「原因に相似の結果なく、非相似の結果もない」と述べられていましたが、この場合の相似とは龍樹によって一体という意味に用いられており、非相似とはまったくの別体を意味しました。

あるものxがあるものyに依存する、という場合にはその依存の程度はさまざまです。全面的に依存する場合もあるでしょうし、ほんのわずかな程度にしか依存していないかもしれません。その依存の程度を正確に確かめようとする場合、人はある困難に出会います。龍樹がどの程度においてxがy

に依存しているのか、と問うたとき、反論者が五〇パーセントの依存率だと答えたとしましょう。龍樹は「では、依存している五〇パーセントのxとyは異体なのか同体なのか」と問います。反論者は「同体だ」と答えざるを得ません。同様にして、「では、依存していない五〇パーセントのxとyは異体なのか同体なのか」と問います。反論者は「異体だ」と答えざるを得ないでしょう。依存率を何パーセントにしてもこの龍樹の問い掛けは反論者を追いかけます。

次に龍樹は、異体である五〇パーセントのxとyは無関係の存在であり、他の五〇パーセントのxとyは同体であるゆえに、両者は依存することはないと主張します。原因と結果が相似あるいは非相似の関係にあると反論者が主張した場合も同様に考えられます。これは二項の関係を肯定と否定（あるいは1と0）の二進法（二価値）で考えている限り人間の言葉が陥らざるを得ないエポケー（判断停止）なのです。

三　火と薪の五種の関係

10・13　火は他所から来るのではなく、
火が薪の中に存するのでもない。
この薪について残りのことは、歩かれつつあるところ、
すでに歩かれたところ、まだ歩かれていないところによって述べた。

偈前半では、火の存在が火から他のものに由来するのか、それともそれ自身、つまりその中に由来するのかが問われています。月称注は「火が薪の中に存する」考え方は因中有果論〔因の中に果があるという説〕と呼ばれると述べています〔プサン版　二一〇頁〕。
偈後半における「薪について残りのこと」は、第二章第一偈における論法によって説明済であると述べています。すなわち「すでに燃やされた薪は燃やされない。まだ燃やされていない薪も燃やされない。すでに燃やされたものとまだ燃やされていないものを離れて、今燃やされつつあるものは燃やされない」という論議が想定されているのです。

10・14　また火は薪ではなく、
火は薪より他のところに存しない。
火は薪を有するのでもなく、
火の中に薪はなく、〔薪の〕中に〔火は〕ない。

ここでは火と薪との関係が五種に考察されています。これは従来、五求門破と呼ばれてきたものです。第一〇章第一四偈、第一六章第二偈、第二二章第一偈にも五求門破への言及が見られます。紀元前二世紀頃成立したと考えられる『発智論』〔大正蔵　第二六巻　九一九頁a〕にはパーリ経典における五求門破が引用されています〔山口訳2、一九八頁〕。したがってこの五種のケースを想定してそれぞれを否定する方法はずいぶん早くからあったことが分かります。

月称注（プサン版　二一二頁）によれば、この五種は以下のようです。

（1）AはBである、あるいは
（2）AはB以外のものである、あるいは
（3）AはBの基体（アーダーラ）である、あるいは
（4）Aは基体Bの上に載るもの（アーデーヤ）である、あるいは
（5）AはBを有するものかである。

このように七世紀の月称は第一四偈注において「アーダーラ」（ādhāra）と「アーデーヤ」（ādheya）という対概念を用いています。後世、これは仏教およびヒンドゥー教の哲学的文献において「ダルマ」と「ダルミン」と並んで重要な概念となりました。しかし、龍樹の時代の仏教およびヒンドゥー教哲学においてはこれらの二組の概念はまだ基本的概念（操作概念）としては用いられていませんでした。月称が活躍した七世紀頃までには「アーダーラ」と「アーデーヤ」は基礎的概念として用いられるようになっていたことが分かります。

五求門破は一組の補集合的配分に依っているわけではありません。五種のうち、第一と第二は矛盾の関係にありますが、第三と第四とは少なくともAと非Aとの関係にはありません。

10・15　火と薪によって

我と執着のすべての次第が
余すところなく説明された。
壺や布にかんしても〔同様である〕。

ここでは執着（ウパーダーナ）と訳しましたが、執着することおよびその結果をも意味します。山口訳2（一九六頁）では、この偈における執着は「所取」と訳されています。「すべての次第」とは、月称注によれば原因と作具、部分と全体、能動的なものと受動的なものなどを指しています（プサンナ版 二一三頁）（山口訳2、一九八頁）。ここに挙げられた原因と作具等の関係は、すでに述べたように、歩く人と歩くこととの間に見られるような、基体とそれに存する運動あるいは性質との関係とは異質です。

10・16 我ともろもろのものとの共存あるいは別異を
主張するような者が
聖教の意義に通じているとは
わたしは考えない。

第一句に述べられる反論に関して青目注羅什訳は、説一切有部の分派である犢子部の考え方および説一切有部の考え方に言及しています。犢子部は一切法を有為の三世と無為と不可説（蘊でもなく非蘊を離れていないもの、非即非離蘊）の五つに分け、不可説の中に一種の我の存在を認めています。

注

（1）上田［一九五七：八二］では、この偈の第三句に基づいて薪と火とには一体であるという側面と別体であるという側面とがあると解釈されていますが、龍樹自身にはそのような含みはなかったと思われます。

（2）プサン版 tatra etasmād idhyamānam（二〇四頁）、ドゥ・ヨング版 tatra etat syād idhyamāna（一四頁）。

（3）新しく発見された仏護注のサンスクリット・テキストでは、「それによって囲まれ焼かれつつある薪となり、薪より前に存在しており、火と呼ばれるその他のものとは何か」とあります（ko 'sāv anyaḥ prāg indhanād avasthito 'gnir nāma yena parītaṃ yenedhyamānam indhanaṃ bhvati: Ye Shaoyong, A Sanskrit Manuscript of Madhyamaka-kārikā and Buddhapalita's Commentary from Tibet, undated, p. 54)。

（4）プサン版 evendhanād（二〇六頁）の読みに従っています。ドゥ・ヨング版 evandhanād（一四頁）は誤植と思われます。

第一一章　始まりと終わりの考察

一　輪廻の始まりと終わり

この章のタイトルは青目注羅什訳では「観本際品」です。月称注では「〔輪廻の〕前後の究極の考察」（プサン版　二一八頁。三枝訳、三三五頁）とあります。この場合の「究極」（コーティ）とは問題になっているものの端を指します。例えば、ある樹が千年の寿命を終えたとします。この樹の誕生あるいは始まりが先のコーティ（究極）であり、寿命を終えた時点が後のコーティです。月称注では「コーティとは部分（バーガ）、箇所（デーシャ）のことである」と述べられています（プサン版　二一九頁）。最も先の（あるいは後の）部分、端という意味です。

この章における問題は輪廻です。輪廻の先のコーティつまり始まりおよび後のコーティすなわち終わりが考察対象なのですが、輪廻の始まりがどこであり、終わりがどこかというような問題が扱われているわけではありません。輪廻に先のコーティも後のコーティもないというのが龍樹の主張です。

11・1　先の究極は知られない、

と大聖は語った。
実に、輪廻には始まりも終わりもない。
それには前もなく後もない。

青目注羅什訳によれば、聖人には外道（仏教以外の修行者）、阿羅漢・辟支仏《びゃくしぶつ》、神通を得た菩薩の三種があり、「大聖」とは釈迦牟尼を指します（大正蔵　第三〇巻　一六上）。『中阿含経』第五一「本際経」（大正蔵　第一巻　四八七頁中・下）に同じようなくだりが見られますが、この偈に相当するパーリ文は現在のパーリ四部（ニカーヤ）には見当たらないといわれています（三枝訳、三三七頁）。月称注には釈迦牟尼の言葉として「諸比丘よ、生と老死の輪廻には始まりも終わりもなく」云々の引用がなされています。この引用に関しては、プサン版注にこの偈が相応部経典（Saṃyutta Nikāya II, 178, 193, III, 141, 151）が相当すると注記されています（山口訳2、二〇九頁）。なおこの月称注における引用文は『倶舎論』破我品三〇巻（冠導本六a）によれば犢子部の考え方であるといわれます（山口訳2、二一〇頁）。

偈の前半のチベット語訳では「先の究極が知られるのかと（弟子等が）尋ねたとき、大聖は否といわれた」とあります（プサン版　二一九頁注）。サンスクリット・テキストと意味はほとんど変わりません。

偈前半と偈後半とはどのような関係にあるのでしょうか。宇井訳（二七〇頁）と中村訳（二八七頁）は前半と後半を「何となれば」で結んでおり、三枝訳（三三七頁）にも「なぜならば」とあります。

これらの訳では偈第三句における hi という語が「なぜならば」という意味に取られており、これらの訳に従うならば、輪廻には始まりも終わりもなく、前もなく後もないゆえに、大聖は「先の究極（始まり）はない」といわれた、という意味になります。一方、渡辺訳（四三頁）では hi という語は「実に」と訳されています。つまり、偈後半が偈前半の理由というよりは確認の意味に解されています。偈のチベット語訳においては hi を訳したと思われる語は見当たりません。

仏護注では、偈後半も釈迦牟尼によって語られたとあります（北京版西蔵大蔵経　第九五巻　九七頁四葉五〜六行、ワレーザー版　一七一頁）。したがって、仏護注の場合には偈前半と偈後半との論理的関係はこの偈から知ることはできません。月称注にあっても「実に（hi）比丘たちよ、生と老死よりなる輪廻は始まりと終わりのないものである」と世尊によって述べられた、とあります（プサン版二一九頁）。月称も仏護と同じような理解をしていたと思われます。

以上見てきたように、偈前半と偈後半との関係にかんしては異論があるのですが、ここでは hi を「なぜならば」と訳さずに「実に」と訳しました。「実に」という意味に取ったとしても、偈後半が大聖の意図を復唱しているといった側面は見られます。

月称は次のような推論式を提示しています（プサン版　二一九頁。山口訳2、二〇七頁）。

（主張）輪廻は存在しない。

（理由）始まりと終わりが知られないから。

（例）　施火輪のように。

月称にとってこの推論式は龍樹の考え方に沿ったものであったのでしょうが、ヒンドゥー教徒はこの推論に反対したでしょう。エローラの第一五ヒンドゥー窟にあるレリーフにはリンガから現れるシヴァに向かって左側にブラフマーがあり、右にはヴィシュヌが見られます。これは『ヴァーユ・プラーナ』（54, 13-57）の神話に基づいています［立川 二〇〇八：一七九］。ブラフマーは空に駆け上がり、かのリンガの先端つまり本際を見きわめようとしましたが、成功しません。ヴィシュヌも野猪（ヴァラーハ）に化身して地中深く潜ります。しかし、リンガの下の先端を見ることはできませんでした。この神話はリンガの端が見られなかったのでリンガは存在しなかった、といっているわけではありません。その反対です。端を見ることができないほどに大きく、リンガすなわちシヴァは存在すると考えられているのです。

ヒンドゥー教におけるのみではなく仏教のある部派の場合も同じような反論が考えられます。例えば、浄土教の無量光仏の光明には限りはないといわれています。限りが見られないから阿弥陀仏は存在しない、という論理は少なくとも浄土教では通用しません。

11・2　始まりもなく終わりもないものに

どうして中間があろうか。
それゆえ、前も後も
同時もあり得ない。

あるものの中間を考えるためには、そのものの始まりと終わりとを知る必要があると一般には考えられています。人びとは一般に自分たちは輪廻の中にいると考えていますが、輪廻の始まりと終わりが存在するゆえに輪廻は存在すると考えているわけではありません。第二偈は月称注（プサン版　二二〇頁）によれば「輪廻において始まりと終わりがないとしても中間はある。それゆえに輪廻は存在する」という反論に対して述べられたものです。もっとも第二偈はそうした反論に対する有効な批判となっているわけではありません。

二　生と老死の前後関係

第三〜六偈において生と老死との前後関係が前、後および同時という補集合的な関係に分割された上で考察されています。

11・3　もし生が前で
老死が後にあるならば、
老死のない生があり、
不死の者が生まれるであろう。

ここで龍樹は、生が前で老死が後にあるならば、生と老死とは関係のない別個の存在であるという前提に立っています。そのような前提に立てば、人は生まれても決して老いることはないでしょう。

人のみならずすべての生類が生まれ、成長し、そして死んでいきます。生が先で老死が後です。龍樹もまたそれは分かっていたはずです。だからこそ龍樹はここでそのような世間的理解を覆そうとしたのでしょう。しかし、龍樹の真意は、生と老死はそのような別個の存在ではないというものであったことは明らかです。

11・4　もし生が後で
　老死が先にあるならば、
　まだ生まれていない者に
　原因なき老死がどうしてあろう。

ここでの「原因」とは、生まれることを意味しています。

11・5　生と老死が(1)
　同時であることもあり得ない。
　現に生まれつつある者が死ぬことになろうし、
　両者は無因のものとなろう。

第四句において龍樹は、生と老死が無因のものとなるのは正しくない、と主張しています。龍樹は第三偈において、生が前にあって老死が後にあるという一般常識を否定していました。ところが第五偈後半において、龍樹はこれまでの立場を変えて世間的常識を主張しています。すなわち、老死には原因がある、といういわば世間的常識に従っています。このように立場を変えることはこれまでにも幾度も見られました。世間的常識と龍樹特有の否定的論法が『中論』においてどのように組み合わされているのかを知ることが、『中論』全体の論法を解く鍵となるでしょう。

11・6　このように前と後と同時が
　　あり得ないとき、
　　どうして生と老死を
　　人びとは無益に論ずるのか。

世間的常識と龍樹特有の否定的論法とを組み合わせて龍樹は自分の結論にたどり着きます。しかし、この結論は世間的常識を覆そうとした場合の結論であって、彼が最終的に目指している目的つまり仮説・中道を表明するものではありませんでした。というのは、仮説・中道にあっては外見では世間的常識と違わない言語表現が許されるのですから。

三　すべてのものの始まりの否定

次の第七偈と第八偈は一続きの文章です。輪廻の始まりが存在しないのと同じ理由によって、因や果などの始まりは存在しないと龍樹は主張します。

11・7　ただ輪廻に開始が
あり得ないばかりではなく、
因と果、
特質と特質づけられるもの、

11・8　感受と感受する者、
およそどのようなものであろうとも
一切のものに
始まりはない。

注

（1）プサン版（二一三頁）では jarāmaraṇenaiva（老死と、具格）とあり、ドゥ・ヨング版では jarāmaraṇaṃ caiva（老死は、主格）とあります。訳はプサン版に従っています。

第一二章　苦と個我の考察

一　苦は作られたものであるという反論とその批判

第一二章は苦に関する考察です。青目注羅什訳では「観苦品」、月称注でも「苦の考察」とあります。もっともこの章は「苦とは何か」を問題にするというよりは、苦は元来は存在しないものであると主張することを目指しています。苦がもしも存する、あるいは生まれたものであるならば、それは自、他、共あるいは自・他のいずれでもない領域（無因）の一つから生ずるはずですが、その四つのいずれからも生じない、それゆえ、苦は存在しないというのがこの章の論議の骨子です。

この章では個我（プドガラ）の概念が登場しますが、苦を味わう者である個我の存在が、苦の存在の否定を通じて否定されるのです。仏護注（北京版西蔵大蔵経　第九五巻　九九頁一葉二一～三行、ワレーザー版　一八〇頁）によれば、龍樹は第一偈において「個人我（プドガラ）が存在する。なぜならば、苦が存在するゆえに」という反論に対して答えています。

第一章第一偈において、もろもろのものは自、他、共、自・他のいずれでもない領域（無因）から生じないゆえに、いかなるものも生ずることはない、と述べられていました。龍樹の意図は、もろもろのものはいかなる時にも生ずることがないのはむろんのこと、そもそも存することがないと主張することにありました。古代インドでは、生滅を超越した実在が無始以来存する、という考え方もあったのですが、龍樹はそのような無始無終の実在を認めていませんでした。

12・1　苦は自から作られた、他によって作られた、
　自・他の二によって作られた、〔あるいは〕無因のものである、
　　とある者たちは主張する。
　そのように考えるのは正しくない。

第一偈前半には四句分別が見られます。ここにおいて全論議領域は、自と他の二領域に補集合的に分けられています。自の領域が四句分別の第一格であり、他の領域が四句分別の第二格であり、「自・他の二領域」が第三格です。第四格である「無因」とは自の領域にも属さず、他の領域にも属さない領域を指しています。「自・他の二領域」とは、二種に考えられます。第一には自かつ他、つまり矛盾です（この場合には考察不要としてそれ以上は問題にされません）。第二には自あるいは他、つまり自の領域と他の領域の和を意味します。

この偈は龍樹に対する反論なのですが、三枝訳（三四九頁）には、パーリ相応部一二―一七（Saṃyutta Nikāya, II, p.19）（『雑阿含経』三〇二経、大正蔵　第二巻　八六頁上・中）において「苦の四種の生まれ」の説がブッダによって否定されていると指摘されています。また「苦の四種の生まれ」の

典拠として、プサン版注に『ウダーナ』VI, 5, p. 70、『カターヴァットゥ』VII, 6, 1 および XVI, 3 の箇所が挙げられています。

このように自、他、共、自・他のいずれでもない領域〔無因〕への配分、すなわち四句分別は初期仏教から知られていました。ちなみに四句分別は命題の中の名辞〔主語あるいは述語〕の示す外延の分割なのであって、命題の真偽とは関係しません。四句分別については、後に第一八章第八偈の考察において詳しく扱います。

12・2　もし苦が自から作られたものならば、
それゆえ〔他に〕依って生じないことになろう。
これらの〔今生の〕構成要素に依って
それらの〔次代の〕構成要素が生ずるから。

第二章第八偈で取りあげられた「歩行者が歩く」という命題では歩行者と歩くこととの関係は無時間的な観点から扱われており、時間の経過は考察されていませんでした。あるものが生ずるためには、幅のある時間が必要です。変化を問題にする場合には、幅のある時間の中での変化を取りあげる必要があります。第一二章は時間の中の変化の問題を扱っているようには見えますが、実際にはこの章では、さらに『中論』のなかでは「持続する時間の中で変化が生ずる」という観点はほとんど問題にされません。龍樹にとって持続あるいは過程〔プロセス〕という概念は、「一切が空である」という自らのスローガンを根底から脅かすものであったからです。龍樹の後、唯識思想においては心の相続あるいは持続の問題が主要テーマの一つになりますが、『中論』に見られるような論法にとって持続の問題は「鬼門」でした。

第三偈以降においては今の身体と次の世における身体の関係が問題になりますが、「自から作られたものか、他から作られたものか」というこれまでに用いてきた補集合的配分によっての考察の域を越えず、心の持続あるいは相続の問題は扱われていません。

12・3　もしこれら〔の構成要素〕がそれらの〔次代の〕構成要素と
　異なっている、あるいは他のものであるならば、
　苦は他のものによって作られ、
　それら〔来世〕はこれら〔現世〕によって作られることになろう。

第四句は、未来の身体は現在の身体によって作られることになろうというのですが、これは過去の要素と未来の要素が異なっているという前提のもとに述べられた龍樹側からの回答です。むろん龍樹はそのような前提を認めていません。

二　苦と個人我

12・4　もし〔苦が〕自らの個人我によって作られるならば、
苦を自ら作るところの
どのような個人我が
苦を離れて存在するのか。

部派仏教の幾つかの部派では個人我（プドガラ）の存在を認めています。この偈ではその個人我は、自のものと他のものへと分割された場合には、自のものに属すると考えられています。第一章ではものが自・他・共・無因から生じないと述べられていましたが、プドガラの存在は問題にされていませんでした。月称注には「自ら（svayam）つまり個我によって（pudgalena）」（プサン版　二三〇頁）と述べられています。宇井訳（二七一頁）には「自らの我」とあります。青目注羅什訳においてプドガラは「人」と訳されています（大正蔵　第三〇巻　一八頁中）。

12・5　もしも苦が他の個人我によって生ずるならば、
その苦が他によって作られた後
他の人に与えられるのであれば、

苦を離れて〔その個人我は〕どこにあるのか。

第四偈においては苦が自らの我によって作られた場合が考察されたのですが、第五偈にあっては苦が他のものによって作られた場合が扱われています。

12・6 もしも他の個人我から苦が生まれるというならば、
苦を離れて〔苦を〕作ってからそれを他に与えるという
その他の個人我とは
いったい何者か。

「苦を離れて」とは「自分の苦を離れて」という意味です。他者によって苦が作られる場合、その苦は自分の苦ではないと考えられているのです。

三　苦は自から作られたものではない

12・7 〔苦は〕自から作られることがないゆえに
どこに他に作られた苦があるのか。
というのは、他が作った苦は

その人には自から作ったものだから。

他者はその人自身にとっては「自」であるというのです。このような考え方はすでに第一章第三偈注において見られました。この偈では「苦は他から作られる」（四句分別の第二格）が否定されています。

12・8　まず苦は自作ではない。
というのは、それはそれ自身によって作られないから。
もし他者が自身によって作られたのでないならば、
どうして他者によって作られた苦があるのか。

この偈は第七偈を踏まえています。他自身にとっては観点を変えるならば自身であるゆえに、他によって作られたものは自身によって作られたものだというのです。

12・9　もしも一人一人によって作られた〔苦〕が存するならば、
〔自・他の〕両者によって作られた苦が存在するだろう。
他からも作られず、自からも作られない
無因の苦はどこにあるのか。

この偈では四句分別の第三格と第四格が扱われています。「一人一人によって作られた〔苦〕」とは、自および他から作られた苦を指しています。ここでは「自・他の」という第三格は自あるいは他つまり「自あるいは他」（選言）の意味に取られており、「自かつ他」（連言）の意味には解されていません。苦が他からも作られず、自からも作られないことはすでに明らかになっているので、苦が自および他から作られることはないというのです。ここでは第三格の否定は第一格の否定と第二格の否定によって可能であると考えられています。

第四句の「無因」とは、自の領域でもなく他の領域でもない領域を指しています。これは四句分別の第四格に相当します。そのような領域は存在しないので、苦は自からも作られず、他からも作られないというのが第四句の意味です。

四　苦以外のものも存在しない

12・10　単に苦の四種のあり方が
成りたたないのみではなく、
外界のもろもろのものの四種のあり方も
成立しない。

「外界のもろもろのもの」とは、例えば、青目注羅什訳に「外の万物、地水・山水等の一切の法」

（大正蔵　第三〇巻　一七頁上）であると述べられています。

月称注（プサン版　二三四頁）には、自性を有するものが自・他・共・無因のいずれからも生じないことははっきりしているのですが、苦等の世俗（サンヴリッティ）において四通りの生ずることが認められています。ただその場合には、「これに依ってあること」（イダンプラトヤヤター idaṃpratyayatā）というのみの意味の縁起（pratītyasamutpāda）が意味されていると述べられています。つまり、ここで月称は空性に至った後、言葉が仮説として蘇った言葉のことを述べているのではなく、否定を受ける前の世俗的あり方が述べられていると解釈されています。

第一三章　現象の考察——自性と変化——

一　すべての現象は虚妄であるという主張

すでに述べたように、龍樹著『中論』（中論頌）そのものには各章の表題はなかったと思われます。後の注釈家たちが各々の解釈に従って、それぞれの章のタイトルを付けています。青目注羅什訳では第一三章は「観行品」と名づけられており、無畏注チベット語訳では「真実（de kho na nyid）を考察する章」とあります。

第一三章のタイトルは、宇井訳（二七二頁）には「行の討究」、三枝訳（二六三頁）では「（潜在的）形成作用（行）の考察」、渡辺訳（四七頁）では「現象の研究」とあります。このように『中論』各章のタイトルは注釈者あるいは訳者によって異なっています。『中論』第一章、第二章などはじめの諸章に関して注釈家たちは同じようなタイトルを付けているのですが、この第一三章に関しては大きく異なります。それはこの章の中心概念である「サンスカーラ」（行）をどのような意味に理解するかで異なってくるからと思われます。

「サンスカーラ」（saṃskāra）には少なくとも三つの意味があります。第一は十二支縁起（十二縁起）

の第二項（支）の意味です。今日、日本では「行」という文字は主として「歩いて行く」というような意味に使われていますが、元来、この漢字は勢いを意味しました。十二支縁起説では、第一番の項である無明（迷い）から何らかの勢いあるいは力が湧き上がってきて、個体としての『まとまり』あるいは自己が形成されると考えられました。その形成力が「行」と呼ばれます。三枝訳では行が形成作用の意味に解されています。

五蘊の内の第四蘊も「行」と呼ばれますが、これが第二の意味です。これも勢い、心的慣性を指しており、意欲とか記憶もここに属します。後世は、ある存在について「五蘊のいずれにも属さないのではないか」という疑問が生じた場合、その存在はすべて行のグループに入れるという約束ができましたから行の内容はかなり多様になったのですが、基本的には心的な慣性を指します。

第三の意味は「諸行無常、諸法無我」といわれる場合の「行」のそれであり、この行が第一三章の主題となるサンスカーラ（行）です。青目注の第一偈の注には「諸行とは五陰に名づく、行より生ずるがゆえなり。五陰を行と名づく」（大正蔵　第三〇巻　一七頁中）とあるように、五陰（五蘊）全体が現象世界と考えられています。渡辺訳では「現象」と訳されています。

十二支縁起の第二項としての「行」の段階にあっては「現象」と呼ぶことができるまでの十分な展開がなされていたわけではなく、現象が形成される際に必要なエネルギー（勢い）の段階を行と呼んでいます。一方では、この勢いが徐々にいろいろなものを生ぜしめて現前に展開されるような現象世界となったものが「行」とも呼ばれてきました。以上に述べた「行」の三つのかたちは明確に区別されるものではありませんが、勢い（行）によって形成された現象世界が取りあげられています。強いていえば本章において考察されるのは第三の意味の「行」です。現代では「現象」と訳した方が「行」と訳すより分かりやすいでしょう。本章は現象世界を自性と変化との観点から考察しています。

13・1　いつわりの性質を有するものは
虚妄なものであると世尊は説かれた。
また、すべての現象（諸行）は
いつわりの性質を有するゆえに、虚妄なもの(1)である。

第一三章は理解の難しい章です。というのは、この章には反対論者たちの反論なのか、龍樹自身の主張なのかが明白でない偈がいくつかあるからです（[清水 二〇一六：四二] 参照）。龍樹の論争相手が、例えばヒンドゥー教徒のように仏教の考え方と大きく違う者であれば、龍樹側の考え方なのか反論なのかは判別しやすいのですが、第一三章における反対論者は、同じ仏教に属する部派の者たちと考えられます。さらに、部派の中でも色々な意見が分かれていましたから、偈の内容が龍樹の意見なのか、ある部派の意見なのかが分かりにくいのです。

第一偈を青目注羅什訳および清弁注は反論と解釈しています。反論である第一偈に答えて龍樹が第二偈を述べた、と理解されているのです。一方、無畏注、安慧注、月称注、ツォンカパ注 [**Tsong kha pa 1973**] は第一偈を龍樹の意見と理解しています。

青目注羅什訳に、「仏経の中に説かれている。虚誑なる者はすなわちこれ妄取相である。第一実なるものはいわゆる涅槃であり妄取相ではない、と。この経説の故に、当に知るべきである。諸行に虚誑がある。妄取相のゆえに」（大正蔵　第三〇巻　一七頁上・中）とあります。この経説とは『マッジマ・ニカーヤ』第一四〇経、「界分別経」を指すと指摘されています［松田・勝本・長尾・山本　二〇〇五：四四六］。

青目注羅什訳が引用する経典箇所の要点は、「真実である涅槃は無為であり、いつわりのものではないが、有為の諸行はいつわりであり、むなしいものだ」ということです。青目注および清弁注において第一偈が龍樹に対する反論であると理解されたのは、第一偈において含意されている涅槃と諸行との区別の説明が龍樹の考え方に沿わない、と考えられたからでしょう。

『中論』第一三章では第一偈前半が経典からの引用であると述べられていますが、龍樹が引用した、あるいは引用の典拠となった経典の箇所と考えられる『マッジマ・ニカーヤ』第一四〇経では、涅槃と諸行との区別に焦点が当たっています。しかし、『中論』の偈では涅槃については触れられていません。このことは、第一偈を龍樹の意見と考えるのか、反論と考えるのかという問題と関係すると思われます。

第一偈前半では「いつわりの性質を有するもの（モーシャ・ダルマ）は虚妄なもの（ムリシャー）である」と述べられ、後半は「すべての現象（諸行）はいつわりの性質を有する（妄取相）」と述べられています。「いつわりの性質を有するもの」の領域と「すべての現象」の領域はどのような関係にあるのでしょうか。偈後半に従うならば、すべての現象の領域はいつわりの性質を有するものの領域によって包摂されます。さらに「いつわりの性質を有するものは虚妄なるものである」と偈後半にあり

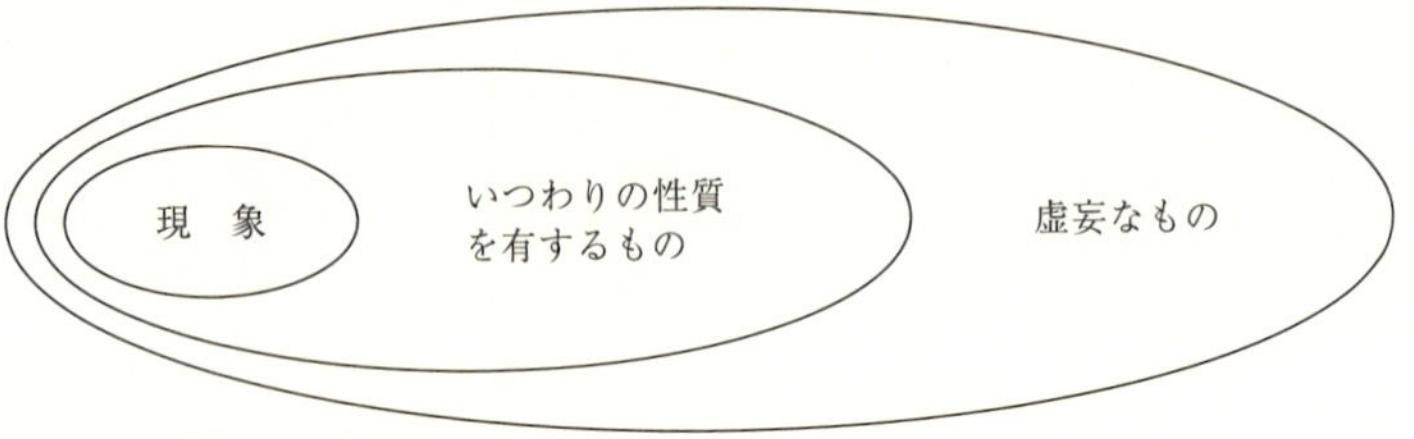

図13・1　現象、いつわりの性質、および虚妄なものの関係

ます。したがって、すべての現象は虚妄なものであるということになります。偈文の説明によれば、これらの三つの領域の間の包摂関係は次のような図13・1によって表すことができます。

「いつわりの性質を有するもの」（モーシャ・ダルマ）は所有複合語です。サンスクリットでは「バフ・ブリーヒ」（所有複合語、有財釈）と呼ばれる複合語があります。例えば「バフ・ブリーヒ」という語は限定語（形容詞）となって、限定する名詞、例えば、「プルシャ」（人）、の性数格に合わせます。したがって「バフブリーヒ　プルシャハ」（bahu-vrīhiḥ puruṣaḥ）は、「多くの米（財）を有する人」を意味します。『中論』のこの偈では「モーシャ・ダルマ」は「モーシャ（いつわり）をダルマ（性質）として有するもの」、すなわち「いつわりの性質を有するもの」を意味します。第一句ではこの語は単数形（中性）として現れますが、第三句では複数形で現れています。

この偈の場合、「モーシャ・ダルマ」（いつわりの性質を有するもの）の「ダルマ」という語の元の形（辞書に挙げられる形）はダルマ（dharma）ではなくダルマン（dharman）です。「ダルマ」は一般に男性名詞ですが、この「ダルマン」は所有複合語の第二要素であり、サンスクリットの第一句に見られる中性の関係代名詞（中性）（〜のもの、を意味する）に合わせて、中性名詞の語尾を採っており、「モーシャ・ダルマ」は中性主格に活用しています。「モーシャ」は、いつわりという性質を有するものを指します。「いつわり」（モーシャ moṣa）とは動詞√muṣ（騙す、盗む）から派生した名詞です。人はもろもろのものは永遠であると思いがちです。しかし、あらゆるものが滅んでいきます。それを見て「いつわられた」あるいは「騙された」と思います。このような意味で現象（行）が「いつわりの性質を有するもの」と呼ばれているのです。「虚妄なもの」のサンスクリットは「ムリシャー」（mṛṣā）ですが、この語は一般には「無駄に」とか「甲斐もなく」という意味で副詞的に用いられます。ここでは名詞として用いられており、虚妄なもの、むなしいもの等を意味しています。この語が『中論』において現れるのはこの章においてのみです。

第一偈に述べられた経の内容はようするに、「生滅するものは虚しい。現象は生滅する。ゆえに現象は虚しい」ということです。

13・2　もしいつわりの性質を有するものが
　虚妄であるならば、何がいつわられるのか。
　世尊は〔もろもろのものが〕空であることを
　示すためにこれを語られた。

第二偈前半の「もしもいつわりの性質を有するものが、虚妄であるならば」は、第一偈前半を条件文（前件）としています。その前件を踏まえて、偈後半は「何がいつわられるのか」と問います。渡辺訳では「その場合には何をいつわるというのか」とあります。この「いつわる」あるいは「いつわられる」とは、ようするに生じたり滅したりすることです。生滅するものは、虚妄、つまり、むなしい幻影だというのです。

第二偈は明らかに龍樹の主張です。この第二偈では、「もしもいつわりの性質を有するものが、虚妄であるならば」一体何がいつわられるのか、すなわち、何が生滅するのかと龍樹は問うているのです。第一偈に見られる反論に対して龍樹がこの偈において答えているとも考えられます。そのように第一偈が龍樹に対する反論であるという方が、論議としてはよりスムーズであると思われます。ここで龍樹は「生滅するものは存しない」と考えています。生滅することはむなしいものであり、また生滅自体があり得ないというのです。

一方、第一偈は「生滅するものが、虚妄なものといわれようとも、ともかくも存在する」と述べているとも解釈できます。第一偈が龍樹に対する反論であると考えた注釈家たちはそのように考えていたようであり、彼らの内の幾人かは「第一偈は生滅するものがある、と述べていると解釈できるが、それは反対論者の意見にちがいない。龍樹は第二偈においてそれを批判している」と理解したようです。むろん何ものであれ自性を伴って存在するという考え方を龍樹は受け入れません。

第二偈後半は「世尊は〔もろもろのものが〕空であることを示すためにこれを語られた」と述べています。しかし、世尊のこの言葉は「世界には何も存在することはなく、まったき無である」を意味していない、と考えた注釈家もいます。チベット仏教最大の思想家ツォンカパもそのように考えました。

ツォンカパは、第一偈を龍樹の主張と考えており、第二偈の彼の注のはじめに第一偈に対する反論を紹介して、その反論に対し第二偈において龍樹が答えたと述べています。ツォンカパは「ものが無であるとは述べていないが、自性としては生じていないという空性を世尊は説いた」と理解しているのです（[Tsong kha pa 1973: 252]、[クンチョック・シタル、奥山 二〇一四: 四三〇]）。

ツォンカパはものが自性として生じていなくても、ものの生滅は可能であると考えています。「無自性なるもの」（自性を欠くもの、**rang bzhin gyis stong pa**）という概念をツォンカパはそれほど重視していません。彼が重視するのは「自性を欠いたものとして成立してはいないもの」（**rang bzhin gyis 'grub pas stong pa**）という考え方です。つまり、ツォンカパは空なるものを「自性ではないもの」と理解したのです。このように、彼の空性理解は「自性を欠いたものが空なるものである」と考えた仏護や清弁などのインドの注釈家のそれとはかなり異なっています［立川 二〇〇三: 二一五］。

この偈に対する月称注には『無熱龍王所問経』（北京版西蔵大蔵経 八二三番、『仏説弘道《ぐどう》広顕経』大正蔵 六三五番）が引用されています。またこの箇所を月称は『中論』第二四章第一八偈注においても引用しています（プサン版 四九一頁）。ツォンカパは月称注に従ったと思われますが、同じ個所を引いています（[Tsong kha pa 1973: 252]、[クンチョック・シタル、奥山 二〇一四: 四三〇〜四三一]）。

諸縁によって生ずるものは、生じたものではない。
それらが生ずることは、自性としてあるのではない。

縁に依ってあるものは、空なるものといわれる。
空性を知る者は、真理から逸脱していない。

『無熱龍王所問経』は三〇八年に漢訳されたので、インドにおいてはかなり古い時代に成立しており、龍樹の在世当時にすでに知られていたとも考えられます。また今引用した箇所は『中論』の第二四章第一八偈（三諦の偈）に似ています。

ツォンカパは「ものは自性としては存在しないが、無自性なるものとしては存在する」と考えます。龍樹にあって「無自性なるもの」とは自体なきものという意味であり、そういう意味で空なるものであったのですが、ツォンカパは恒常不変の自性はないが生滅することが許される程度にものは存在すると考えます（第一二章第一〇偈注参照）。この第一三章第二偈および『無熱龍王所問経』からの引用箇所をツォンカパは「諸縁によって生ずるものは自性としてあるのではないが、生滅するものとして存する」と考えたのです。

この章におけるのみならず『中論』全体における龍樹の意図は、空性に至った後の言葉のよみがえりとしての「仮説」にあって、ものは無自性なるものとしては生じたり滅したりするが、実体（自性）として生じたり滅したりするわけではない、と主張することにあります。生滅をどの場面において許容し、どの場面において否定するかが問題なのです。

二　自性と変化

次の第三偈も難しい問題を含んでいます。無自性という龍樹にとって最も重要な概念に関わっている上に、偈自体もさまざまに解釈できるからです。

13・3　もろもろの存在は無自性なるものである。
　変化が見られるから。
　無自性なる存在はない。(2)
　もろもろのものは空なるものだから。

『百五十頌般若波羅蜜多経』では「一切諸法は空なるものである。無自性なるものであるから（niḥsvabhāva-yogena）」（月称注、第一八章第一偈注参照）とあります。龍樹の『論争の超越』にも、「もろもろのものは無自性であるゆえに、空なるものである」［Bhattacharya, Johnston and Kunst 1978: 42］とありました。このように「無自性であるゆえに空なるものである」という考え方は空思想にあっては一般的なものです。さらに「空なるものは、存在しないのだから、生ずることはない」というのも龍樹をはじめ中観派の一般的理解です。

しかし、「もろもろのものに変化が見られるから、もろもろのものは無自性である」という考え方が龍樹自身にあるとする注釈家がいます。そのような解釈に従うとすれば、龍樹の思想の理解は今述べた一般的なそれとは大きく変わってきます。もっともそのような解釈に反対する注釈家もおり、彼らによれば「もろもろのものに変化が見られるから、もろもろのものは無自性なるものである」とは反論者の考え方であると理解されます。

第三偈前半では、変化が見られることを根拠として、もろもろの存在は無自性なるものであると述べられています。無自性なるもの（自性がないもの）であるか、まったき無なるものであるならば、それに変化は見られないはずです。しかし、第三偈前半では文面に従うかぎり、ある注釈家たちが主張するように、変化が見られることが肯定されていると読むこともできます。

青目注羅什訳（大正蔵　第三〇巻　一八頁上）と安慧注（大正蔵　第三〇巻　一五八頁中）は龍樹の説と理解しています。無畏注と青目注の原文とは同じものであったという説もありますが、ここでは無畏注と青目注羅什訳とは異なる理解を述べています。また羅什が青目注を訳す場合に自分の考え方を挿入したことは十分あり得ることです。

「ある存在に生滅などの変化があるゆえに、その存在は自性を有していない。自性を有するものは生滅しないはずだ」（第三偈前半）を龍樹の思想と考えるならば、龍樹の思想の中に少なくとも「自性」に関して大きく異なった二種の考え方があると考えざるを得ません。

青目注羅什訳には、「もろもろのものに不変・恒常の性質があれば、幼児が次第に成長して老人になることはないであろう。幼児が老人へと変化するのは、もろもろのものに不変・恒常の自性がないからである」（大正蔵　第三〇巻　一八頁中）とあります。幼児が成長して老人になるというような変化があることを龍樹自身が認めているのです。青目注には「諸法は生ずるとはいうが、自性に住しているわけではない（自性として存続しているわけではない）。ゆえに〔諸法に〕自性はない」（大正蔵　第三〇巻　一八頁上）とあります。青目注では諸法は生じたり、滅したりすることはあっても、その特質（自性）が常住・不変というわけではなく、しかも無自性である、ということは可能だと考えられています。ようするに、青目は「諸法には自性はないが、生じて滅している。生じて滅していることがあるということは、自性以外の諸性質が存在することを意味する」と解釈します。また一方で、青目は「ものの自性あるいは自体が恒常・不変の『堅いもの』であるならば、変化はないはずだ」とも考えます。このように、青目注羅什訳では龍樹の立場にあっても変化を許す場面と変化を認めない場面の二種が考えられているのです。

青目注によれば第三偈後半は、以下のような反論に対する答えです。その反論とは、「もしも諸法が〔変化を有して【宋本、元本、明本になし】〕無性であるならば、無性の法が存在するということにどのような過失があるのか」（大正蔵　第三〇巻　一八頁中）というものです。

これに対して龍樹が次のように答えたと青目は考えます。「もしもろのものが無性であるならば、どのようにして法（もの）が有るといえようか。根本（基体）が存在するということは正しくないが、〔基体に存する〕性質（性）の存在を否定するためにのみ〔偈に〕無性と述べられているのである。この無性の法（もの）が自性を伴って存するならば、「一切法は空である」ということはできない。もしも一切法が空なるものならば、どうして無性の法が存在し得ようか」（大正蔵　第三〇巻　一八頁中）。

この偈において、龍樹がどのような意味における変化を考えていると青目は解釈したのでしょうか。もろもろのものに生まれることのあり得ないことは『中論』第一章のテーマでもあったように、もろもろのものに変化がないことは『中論』全体のテーマであります。しかし、「行為者は行為に依ってあり、行為は行為者に依ってある」（第八章第一二偈）というように、行為者と行為の相互依存による存在（縁起の関係による存在）が龍樹によって認められる場合があります。この第三偈に対する注において、青目も何らかの次元におけるものの成立を龍樹の立場として認めていると考えられます。

青目と同様、安慧も第三偈を龍樹の意見と考えています。安慧は第三偈前半に対して「有法の変異の性を見れば、それはすなわち無我である。無我はすなわち無常である。無常はすなわち無（不有）である。このように説かれるところはこれを虚妄という」（大正蔵　第三〇巻　一五八頁中）と述べ、後半に対して「諸法は皆空であると説くというが、かの諸法は空華のごとく無自性のものではない。あるいはまた、〔ものが無自性であるならば、原因・結果によって〕作られているもの（所成）が無となろうから」（大正蔵　第三〇巻　一五八頁中）と述べています。

ここで安慧は「この世には何らかのものが存するのであって、「諸法は皆空である」といってもそれはまったき無を意味してはいない。もろもろのものが無自性であれば、すべてのものが空になってしまうという受け入れ難い事態が生まれる」と述べています。彼はここでは「無自性性」によってもろもろのもののまったき非存在を考えてはいないのです。このような考え方は青目のそれと似ています。すでに述べたように、後世のツォンカパも無自性性（無自性なるものであること）をまったき無とは考えていません。

一方、変化のあることを肯定するという考え方は龍樹には見られないと考える注釈家たちもいました。無畏注（四世紀頃）、仏護注（五世紀末）、清弁注（六世紀中葉）はこの偈が反対論者の主張であると解釈されています。

無畏注には「世尊によって虚妄なりと説かれたことは、無（med pa）や法無我（chos bdag med pa）の意味ではなくて、もろもろのものには補特伽羅（プドガラ）の自性（ngo bo nyid）がないという意味である。なぜかというならば、別の状態に転変して現われるから」（北京版西蔵大蔵経　第九五巻　二九頁四葉三～四行）［寺本　一九七四：二二五］と述べられています。つまり、無畏注では、反対論者はもろもろのものがまったく存在しないというのではなくて、現象世界には我的存在とも呼ぶべきプドガラが存在するが、一方では消滅もあるのだと反論者が主張している、と解釈されているのです。このように無畏注第三偈注における反論では、もろもろのものに変化があることが認められています。

仏護も第三偈を反論と考え、以下のように述べます。「反論者がいう。〔第一偈の中に〕虚妄なるものとあるのは、もろもろのものに自性がないことを示すために〔世尊は〕お説きになったのではない。世尊によって説かれたのは、「もろもろのものは無自性である。変化が見られるから」（第三偈前半）ということである。「虚妄なるもの」と世尊が説かれたのは、それによってもろもろのものに自性のないことのみを示そうとしたのである。それは、もろもろのものが別のものに変化することがあるからと、転変（rnam par 'gyur ba　根本的物質の自己展開）が見られるから、さらに恒常的ではない（nges par mi gnas pa）自性として現われることを示したのである。なぜかというならば、第三偈後半に述べられているように「無自性なるものは存在しない。もろもろのものが空なるものとなろうから」。無自性なるものが存在しないときには、もろもろのものの空性もまた示されているゆえに、もろもろのものの自性が恒常なるものではないゆえに、さらに、別のものに変化することがあるゆえに、もろもろのものが無自性のものであると〔世尊が〕いわれたと理解すべきである」（北京版西蔵大蔵経　第九五巻　一〇〇頁五葉七行～一〇一頁一葉四行）。ここでの反論者は、もろもろのものがまったき無となってしまうことを認めず、恒常的ではない自性（あるいは存在）として現われることのあることを主張しています。

清弁もまた第三偈を反論者の意見と解釈します。反論者がいう。「〔第一偈において〕「虚妄なもの」（brdzun pa）とあるのは、〔何ものかが〕存在するのであって、無存在（med pa）の意味ではなく、法無我を示そうとしたのではない。このように世尊がいわれたゆえに、「もろもろのものは無自性である。変化が見られるから」（第三偈前半）、つまり、他のものに変化することが見られるからである。世尊が虚妄なものといわれたことによっては、「恒常的ではない」無自性性が示されている。このように理解するのが正しい」（北京版西蔵大蔵経　第九五巻　二〇六頁二葉二～五行）。ここの注釈に用いられている「恒常的ではない（nges par mi gnas pa）自性」という概念は『中論』自体には見られず、インド中観派の哲学史において重要な概念ではありませんでしたが、自性という概念がインド中観派の思想史のなかでどのように変化したのかを考える際には重要な概念です。

月称注は第三偈および第四偈前半を反論者の意見と考えています。すでに述べたように、月称は、第二偈注において『無熱龍王所問経』（北京版西蔵大蔵経　八二三番、『仏説弘道広顕経』大正蔵　六三五番）から次の箇所を引用していました。

諸縁によって生ずるものは、生じたものではない。
それらが生ずることは、自性としてあるのではない。

引用されたこの経に対して反論者は、「この経典は、もろもろのものが自性として生じていないことを述べているのではない。ではどのような意味かというならば、実体のないこと、つまり、自性の確立していないこと、消滅するものであることを述べようとしている」。このように述べてから、月称は第三偈前半を述べ、その反論者の意味を次のように説明します。「もしもろもろのものに〔反論者のいう〕自性（スヴァ・バーヴァ）がなければ、その時には、それらに変異は知覚されないであろう。だが、それらに変化は見られる。それゆえ、自性を恒常不変のものであると確立することは正しくないというのが、かの経の意味である」（プサン版　二四〇頁）。ここの反論者は、恒常不変の自性のみを自性と考えなくともよいであろう、というのですが、この反論の内容は仏護注に見られたものとよく似ています。

第三偈後半も月称によれば反論なのですが、反論であることをより明確に表現しようとすれば偈を次のように訳すことができます。

自性のないものなど存在しない。
なぜなら、もろもろのものが空なるものとなろうから。

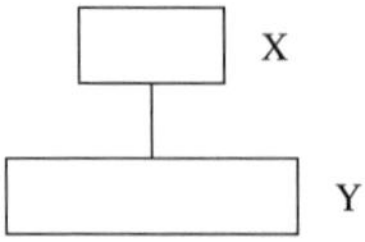

図13・2　ダルマがダルミンに存する場合

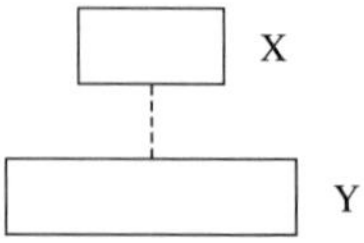

図13・3　ダルマがダルミンに存しない場合

つまり、この世界ではすべてのものに自性が存在し、ものは存在する。なぜなら、ものに自性がないときには、もろもろのものが空なるものとなるという望ましくない結果となろうから、と反論者は述べていると、月称は理解します。第三偈後半における反論を月称は以下のように説明します。

> 実に自性のないものは存在しない。また、〔もろもろのものは空である、という場合には〕もろもろのものには空性という属性（法、ダルマ）が存する。属性の基体（有法、ダルミン）が存在しないとき、それに依存している属性はあり得ない。不妊の者の息子が存在しないのであるから、その息子の〔肌の〕色黒さもあり得ないというようなものである。それゆえ、もろもろのものに自性は存在する（プサン版　二四〇頁）。

この反論のポイントは、属性もなく基体もないというような事態はあり得ないというものです。ここで月称は「ダルマ」と「ダルミン」という概念を用いています。図13・2を見てください。この図では上方の長方形（X）はダルマ（x）を、下方の長方形（Y）はダルミン（y）を表します。生じたり滅したりする可能性のあるもの（基体）は、下方の長方形（Y）によって表されます。ここでは「あるものが生じない」という場合、生ずることというダルマ（上方の長方形によって表現されています）が世界のどこにも存在しないと述べているのではなく、生ずることというダルマが基体（ダルミン、下方の長方形）として存在しなければその基体に載っているダルマ（この場合は、空性）も存在しないというのです。

ヴァイシェーシカ学派のような実在論哲学にあっては、前記のような図における長方形は実在するカテゴリーを表します。それぞれの長方形は常に存在し、あるもの（x）が存在しないとは、xがその基体yと和合の関係によって結ばれていない、つまり、長方形Xは長方形Yと和合を示す実線によってではなくて、破線によって結ばれています（図13・3）。『中論』の論議の場合には、図13・2に見られるように、二つの長方形を上下に並べた図をヴァイシェーシカ学派のような実在論哲学の考え方を示すために用いたようには使うことはできません。『中論』において龍樹が考えるような、xおよびyの非存在を示すためには長方形自体も図の中では描かない、あるいは描くことができないことになります。しかし、この偈に対する注では七世紀の月称は、龍樹（二～三世紀）の用いなかった「ダルマ」「ダルミン」という術語を用いて反論者の考え方を示そうとしていることは注目すべきです。

ここで反論者はダルマ（x）がその基体（y）において存在しないことを「もの（x）は存しない」と主張するのですが、龍樹はxのみならずyも存在しないと考えます。龍樹は、yという基体は自体を欠いたものであるという意味で空なるものであり、世界には存在せず、生じたり滅したりすることも存在しない、と考えているのです。

「自性」という言葉は『中論』ではほとんどの場合、その存在が否定さるべき、反対論者の主張する「堅い」自性なのです。このような自性は永遠不変ですから、一切の変化を受け付けません。一方で、龍樹は「自性」という語を別の意味で用いていました。それは「柔らかな」自体ともいうべきものであって、いわゆる存在の影のようなもの、消滅を許すような存在、無常なものであれ、ともかくものの存在を許しているものという意味において龍樹は「自性」という言葉を用いています。例えば、「ものxは無自性なものである」という場合、ものxには恒常不変の特質（自性）がない、を意味すると考えるならば、その特質以外のもろもろの性質がxにはまだ存在していることになります。したがって、「ものxは無自性なものである」という場合には、龍樹は「自性」を自体という意味で用いているのです。

13・4　自性が存在しないとき
　どこに変異があるのか。
　自性が存在するとき
　どこに変化があるのか。

第四偈の前半・後半ともに龍樹の意見であると考えるか（青目注羅什訳、安慧注）、前半は反対論者で後半は龍樹の答えと考えるか（無畏注、仏護注、清弁注）で注釈家たちの意見が分かれます。まず、前半も後半も龍樹の意見であると考えてみましょう。

龍樹の『中論』におけるもっとも一般的な論法は、「AにBがある」という命題を否定するというものでした。今、「AにBがある」の形式を有する一つの命題は「自性に変異がある」です。その命題の中の「自性」の領域が「実在のもの」と「非実在のもの」とに分割されます。龍樹は自性を実在のものと非実在のものに分け、自性が存在しても、しなくても変化はない、と両方のケースを否定していくのです。

偈前半の「自性が存在しないとき」（自性が非実在のとき）云々とは、存在の痕跡すらないまったき無に他ならない自性においては、どこにも変異はあり得ない、という意味です。変異は何ものであれ、何かが存在していなければ、変異は起こり得ないのですが、今は変更が起きるべき基体がないと主張されているのです。偈後半の意味は、自性とは一切の変化を受け付けない実在であるゆえに、自性が実在であれば変化はあり得ない、ということです。

第四偈前半が反論であり後半は龍樹の回答であると解釈された場合を考えてみましょう。無畏注は「もし法の自性が存しないならば、法の〔分位の〕変化は何に属するのか」と、偈前半を述べた後に次のように解釈しています。「このゆえに世尊が「虚妄である」と説かれたのは、もろもろの存在の中でプドガラ（我）は無自性であるという意味であって、法（ダルマ　すべてのもの）が無自性であるという意味ではない」（北京版西蔵大蔵経　九五巻　二九頁四葉六～七行）〔寺本・平松　一九七四：二二七〕。このような反論が述べられた後に、それに対する龍樹の回答として偈後半が述べられたと無畏注では考えられています。この反論では、もろもろのもの（現象）の中のプドガラは無自性であったとしても、他のものは無自性ではないと考えられています。ということは、反論によれば、プドガラ以外のものに自性があったとしても、あるいは自性があるからこそ、変化があるということになります。

第四偈前半である「非実在の自性のどこに変異があるのか」（自性が存在しないときどこに変異があるのか）が反論と考えられた場合には、次のように解釈できます。「自性が存在しないというならば、現実には変化は経験されるのだから、その変化はどこにあるというのか。ともかくも基体（ダルミン）が存在しているといわざるを得ない。したがって、非実在の自性の変異があるというのは誤りである」と解釈できます。

第四偈は青目注羅什訳の第三偈ですが、偈およびその注は以下のようにいい換えることができます。

また次に「諸法は性がないゆえに虚誑《こおう》であり、虚誑であるゆえに空なるものである。偈に述べられるごとくである。

諸法は性がないゆえに　これらのすべては無性なりと知る。
無性のもの（法）もまた存しない。一切法は空なるものであるゆえに。

諸法には性はない。なぜならば、諸法は生ずるのであるが、自性〔を伴うもの〕として留まるのではない。このゆえに無性というのである（大正蔵　第三〇巻　一八頁上・中）。

この青目注羅什訳では、恒常不変の自性を伴うことがない場合でも諸法は生ずることを認めています。この偈が「もろもろのものに恒常不変の自性はないゆえに空なるものである」と主張していることは青目も認めていますが、少なくとも羅什訳では諸法に何らかの変異があったとしても「ものには自性がない」という龍樹の基本的態度を守ることができると理解されていることが分かります。龍樹自身が、自性がないとき、ものは空である、と主張しているのを見てきましたが、その際「無自性であっても変化はある」という含みはありませんでした。すくなくとも明言されてはいませんでした。

青目注は西域の人羅什によって訳されています。青目注のサンスクリット原文もチベット訳も残っていません。中国や日本では伝統的に羅什訳が用いられてきたのですが、この青目注訳の中に羅什自身の考え方が入っているのではないかと思われる箇所があります。

玄奘がインドで自分の師匠の戒賢から唯識を聞いて『三十頌』に対する護法（六世紀）による注釈『成唯識論』を訳したことになっていますが、『成唯識論』のサンスクリットもチベット語もありません。また『成唯識論』の中には、明らかに護法のものでない箇所も入っており、忠実な翻訳ではないようなくだりも見られます。『成唯識論』は玄奘が護法の注釈書を訳したことにはなっていますが、自分自身の解釈を入れてまとめた可能性があります。

それと同じように、この羅什訳の場合も、羅什が自分自身の考えを加えているのではないかと考えられます。インドの注釈者たちは「自性は変化しないものである」という側面を強調します。一方、羅什訳にあっては、これまでにも見たように「自性」を不変恒常の「堅い」実在ではなく、常住ではないがある程度の活動が許される「柔らかな」存在を考えているようなところが見られます。

従来、青目注にはサンスクリットもチベット語もなく、羅什自身の考え方という観点からはあまり考えられてこなかったようですが、羅什訳には羅什自身の考え方が述べられているという観点も必要と思われます。

13・5　同じものにも、他のものにも
　変化はあり得ない。
　青年は〔そのまま〕老いることはなく、
　老年は〔もはや〕老いることはないから。

この偈は、ものは同一のものか他のものかの補集合的配分を踏まえています。その上で、まず同一のものに変化はないと述べています。変化とはxから違うものyに変わることであって、xが同じxに変化するということは不可能あるいは無意味です。一つのものから他のものへは変化があるとしても、他のものからその同じ他のものへの変化はあり得ません。青年が老いることがあったとしても、その老人は変化する以前の同じ青年ではありません。老年がまたあらためて老いることはない、というのです。

第六偈も同じようなことを述べています。

13・6　同じものが変化するならば、
　乳はそのまま酪であろう。
　酪の状態は乳より他の何かから

生ずることになろう。

偈前半では、同じものが変化するならば、乳がそのままヨーグルト（略）であるということになるだろうというのです。変化とはあるものが他のものに変わることです。この偈では前の偈と同じ問題を例によって示しています。

今度は観点を変えて、乳以外の他のものからヨーグルトが生まれる、というならば、そのヨーグルトは「他のものから生まれる」とはいえない、と龍樹は答えます。あるものから他のものといっても、他のものにとってそれは自のものだからというのです。「乳より他のものから」といっても、「他のもの」にとってそれは「自」である、という論法は第一章第三偈にも見られました。

三　空性にかんする理解

13・7　もし何か非空なるものが存するならば、
何か空なるものも存するであろうが、
いかなる非空なるものも存しないゆえに
どこに空なるものが存しようか。

反論者は「非空なるものがあれば、空なるものもあるだろう」と考えるのですが、龍樹は「非空なるものがそもそも存在しない」と主張します。「非空なるものがあれば、空なるものもある」というのは、これだけを取りあげるならば論理的に正しくありません。しかし、ここで龍樹は「空なるものが存在してはじめて不空（非空）なるものが存在できる」という前提に立っているのです。

青目注は「もし不空の法あるならば、相い因るがゆえに、まさに空の法〔が〕あるだろう」（大正蔵 第三〇巻 一八頁下）と述べています。つまり、もしも非空（不空）なるものが存するならば、空なるものが存在する、というのです。この偈における「不空なるもの」とは空なるものの否定ですから、空なるものがまず成立しなくては不空なるものという概念は成立しません。しかし、非空なるものがあっても、空なるものがないこともあります。非空のものの存在を主張するために空なるものの存在を前提にしているようですが、すでに述べたように、これは論理学に正しいとはいえません。

龍樹は主張します。「いかなる非空なるものも存在しないゆえに、どこに空なるものが存在しようか」と。これを単に「非Aはない。ゆえにAはない」と一般化することは正しくありません。この場合、龍樹は「非空なるものの存在のためには、空なるものの存在が前提になっている」と考えているのです。

13・8 空性はすべての誤った見解を
超越すると勝者たち（仏たち）は説かれた。
しかし、空性に固執する者たちは
救いがたいといわれた。

空性を振りかざしても、適切ではないというのです。青目注羅什訳には「もし病があって薬を飲めば治るのであるが、薬でまた病になっては治おすことはできない」とあります（大正蔵　第三〇巻一八頁下）。

月称によれば偈前半は『宝積経』からの引用であると述べています（プサン版　二四八頁）。

注

（1）龍樹作と思われる『六十如理論』に対する月称注（チベット語訳）に第一偈に似た内容の表現が龍樹側の考え方として述べられています。「生成変化するものは虚妄（チベット語：rdzun）であり、欺く性質があるから、他の人びとに見られているものがどうして虚妄にならないだろうか（第二八偈注）」［梶山・瓜生津　一九七四：五六］とあります。

（2）ドゥ・ヨング版では nāsvabhāvaś ca bhavo 'sti とあり、プサン版では asvabhāvo bhāvo nāsti とあります。意味は同じです。

第一四章　和合の考察——感官と対象——

一　感官と対象の和合

仏教では伝統的に、対象（境）とそれを捉える感覚器官（根）が認識（識）を生む、と理解されてきました。このような場合、器官と対象との和合（サンサルガ saṃsarga）、認識と対象との和合、および認識と器官との和合という三種の和合関係が考えられますが、この三種の関係のいずれもが成立しないと龍樹は主張します。

第一偈では今述べた三者についての龍樹の総括的見解が述べられます。

14・1　見られるもの（対象）、見るはたらき（器官）、
見る者（認識）というこれらの三者は
おのおの二つずつをとってもすべてをとっても、
互いに和合することはない。

ここでの「見るはたらき」のサンスクリットは「ダルシャナ」（darśana）です。渡辺訳では「視覚（五〇頁）、宇井訳（二七三頁）では「見」です。三枝訳（三八七頁）では「見るはたらき（すなわち眼）」とあります。『中論』第三章第一偈には「視覚器官（眼　ダルシャナ）、聴覚器官（耳）、嗅覚器官（鼻）、舌、皮膚（身）、意の六は感覚である。見られるもの等は、それらの対象である」とありました。第三章の場合は「ダルシャナ」を「視覚器官（眼）」と訳しましたが、第一四章第一偈の「見るはたらき」と同一のものを指しています。ここでの「はたらき」とは視覚器官の意味です。「眼」という語は現代語としては「見るはたらき」の意味が明確にはならないために、この章では「見るはたらき」と訳しました。

第二章において扱われた歩行者と歩くこととの関係は、動作主体と動作との関係でした。「木こりが斧で木を切る」という場合の木こりと斧は、切るという動作の主体と作具です。切るはたらきと斧という作具とは別のものです。一方、視覚器官と見るはたらきとの関係は、切るはたらき（動作）と斧との関係より「近い」ものです。第一四章第一偈では、人が対象を見るときの作具としての視覚器官と見るはたらきとは厳密に区別されているわけではありません。

仏教にあっては、一般に見るはたらきが視覚器官であると考えられてきました。ヴァイシェーシカ学派にあっては、眼球は感官ではありません。感官は目から出る熱線であり、眼球はそのはたらきのある熱線が存在する土台なのです。『中論』においては、対象を見るはたらきと感官とは、ヴァイシェーシカ学派におけるようには明確に区別されたものではありません。青目注にあっても「見はこれ眼根」（見るということは視覚器官である）（大正蔵　第三〇巻　一九頁上）とあります。

アビダルマ仏教においては三者（根、境、識）が関係し合って認識が生ずるといわれていますが、そのような説に対して龍樹は反対します。次の偈は龍樹の見解です。

14・2　貪り、貪る者、および貪られるものも
同様に考えるべきである。
他の諸煩悩も、他のもろもろの処（認識の器官と対象）も
この三者のあり方によって説明される。

第一偈において、見られる対象、見る者、見る器官の関係が言及されましたが、第二偈では貪り（ラーガ　rāga）、貪る人間、および貪られるもの（執着、執着する者、執着の対象）も第一偈におけると同様に考えられると龍樹は主張します。ここで貪りは煩悩の代表として挙げられています。第三句における「処」（アーヤタナ　場）とは、十二処のことです。十二処とは六内処と六外処を合わせたものをいいます。六内処とは六感覚器官（眼・耳・鼻・舌・身〈皮膚〉・意）のことであり、六「アーヤタナ」（āyatana）は入口、門、入る場を意味します。六内処とは認識の入り口であり、六外処外処とは六感覚器官それぞれの対象（色・声・香・味・触・法）です。この十二処に六識（認識）を加えると、十八界（ダートゥ）となります。第三句の「もろもろの処」とは十二処、つまり六根と六境を指しています。

「貪る者」のサンスクリットは「ラクタ」（rakta）です。この語は、動詞√rañj（ランジュ　染める）

の過去分詞であり、染められた者、すなわち、アートマン（個我）を意味します。この動詞に由来する名詞「ラーガ」（rāga）は染める作用のある煩悩のことです。「貪る者」つまり煩悩を有する者は「煩悩に染められた者」と呼ばれます。この場合「ラクタ」（貪者）は貪りという作用を受けた者、すなわちは人間を指しており、貪る対象は財や食物などです。一方、第三章における「ドリシュタ」（dṛṣṭa　見られたもの）は動詞√dṛś（ドゥリシュ　見る）の過去受動分詞ですが、見られる対象を意味し、見る個我あるいは人間を意味しません。

第一偈に述べられた「見られるもの、見るはたらき、見る者の二つずつ」の意味を説明しておきましょう。「見られるものと見るはたらき」の関係、「見るはたらきと見る者」の関係、あるいは「見られるものと見る者」の関係が論議になるというようにケースの違いはあるでしょうが、ともかく器官、対象、認識の三つのうちの二つずつの関係が問題となるのです。二項ずつの組で考えなければ論議ができません。それは、例えば $x-y+z=10$, $x+y-z=10$, $x+y+z=10$ というような三元連立方程式を解く場合、三つの項を一度に扱うことは不可能であり、まず二元方程式に変えるのと似ています。

第二章では「歩行者、歩かれる場所、歩くこと」の三項が扱われました。第二章では、「歩くことと歩かれる場所」がまず考察され、次に「歩くことと歩行者」が論議の対象となりました。このように、第二章の論議では歩行者、歩かれる場所、歩くことの三つが二つずつの組になって考察されていたのです。第二章第一偈ではまず「歩かれる場所と歩くこと」が問題になりますが、その際、歩行者は視野に入ってきませんでした。その後「歩行者と歩くこと」の論議になりますが、その際「歩かれる場所」は論議に登場してきません。一方、「歩かれる場所と歩行者」の関係は直接には論議されません。歩かれる場所と歩くことあるいは歩行者と歩くことというように、歩くことが介入しなければ論議できないからです。

龍樹の主張が続きます。

14・3　他のものと他のものとの和合はあるだろう。
しかし、見られるもの等は
他のものではない。それゆえ、
それらが和合に至ることはない。

第一句の「他のものと他のものとの和合はある」の箇所は、宇井訳（二七四頁）では「異は異と和合する」と訳されています。「他のものと他のものとの和合」とは、yとは完全に異なった他のもの（x）と、xとは完全に異なった他のもの（y）との和合ということです。宇井訳では「乳と水とのように」という補足が入っています。乳と水とは異なるものですから乳と水は混ぜることができる、というのです。

和合とは「乳と水とのように」二つ以上の異なる項があってはじめて成立することを踏まえて、第一句では、他のものと他のものとの間に和合はあるだろう、と述べられています。「他のものと他のものとの和合はある」とは、xにとっての他のものであるyと、yにとっての他であるものxとの和合がある、という意味です。

第一句において龍樹は、根（感官）、境（対象）、識の場合は水と油あるいは水と乳との場合と違うと考えています。つまり、水と油ならば両者が接触することは可能です。第三句の「他のものではない」において龍樹は、「見ることと見られる対象とは水と油のようには異なっていない」という含みを持たせています。

龍樹はここで、器官、対象、認識の三つの内の器官と対象とがまったく違うものなのか、まったく一つのものなのかという補集合的配分を踏まえて論じています。第二章第一八～二一偈に見られたように、二つのもの（項）が同一か同一でない（異なる）か、を考察するのは龍樹が得意とする論法です。見ることと見られる対象とがまったく一つのものであるケースは考察の必要がないと考えられています。それゆえ、二者が異なるケースを考察しているのです。この場合の「二者が異なるケース」とは二者がまったく異なっており、両者に関係がない場合のことです。

次の偈も龍樹の見解です。

14・4　単に見られるもの等が
　　他のものであると知られているのではなく、
　いかなるものもいかなるものと
　　他のものであり得ない。

第二句の「他のものである」は、見られるもの、見るはたらき（視覚器官）、見る者が相互に他のものであることを意味します。この偈の「等」によって龍樹は、見られるもの以外の場合も同様に考えることができることを示唆しています。視覚器官としての見るはたらきと見ること（作用）は『中論』において、最終的には何らかの相依関係があるものとして理解され、その両者は「縁起の関係」にあると考えられます。「視覚器官に見ること（作用）がある」あるいは「視覚器官は見ること（作用）を有するものである」ということができるのです。『中論』では「AはBである」（あるいはAにはBの性質がある）という命題に表現できる場合には、「A」と「B」とが指し示すものは「縁起の関係にある二項」です。したがって、視覚器官と見ること（作用）とは龍樹にとっては「縁起の関係にある二項」ということができます。

縁起の関係にある二つの項、例えば見ることと見る器官は、まったく同じでもなく、まったく違うわけではないというのが龍樹の真意であったのでしょう。しかし、龍樹は、見ることと見る器官はまったく同じ場合にはこのような不都合が考えられ、まったく違う場合にはこのような不都合が考えられるとしか述べません。つまり、「ある程度は異なるがある程度は同一である」などとは龍樹は『中論』のなかでは決して述べないのです。

二　自と他の概念

さらに第五偈においても「他」という概念が取りあげられます。

14・5　他は他に縁って他である。
他を離れて他が他であることはない。
あのものに縁ってこのものがあるならば、
このものがあのものの他であることはない。

この偈は（x）と（y）を加えて訳すとより理解しやすいでしょう。

他（x）は他（y）に縁って他である。
他（y）を離れて他（x）が他であることはない。
あのもの（x）に縁ってこのもの（y）があるならば、
このもの（y）があのもの（x）の他であることはない。

第一句の「縁って」のサンスクリットは「プラティートヤ」（pratītya）です。この語は龍樹が「縁起」（プラティートヤ・サムトパーダ）という場合に用いる「プラティートヤ」（縁って）であり、龍樹の主張する肯定的意味に用いられています。第二句の「他である」とは「何ものかにとって他である」ということです。「xは他である」とは「xはyにとって他である」を意味することは反論者も認めるでしょう。「xはxにとって他である」ということはできません。

第二句の「他を離れて」云々とは、「xがyから離れて」つまり「xとyとが無関係である」すなわち「xはyにとって他である」ということもできないほどに関係がないという意味です。「他である」というためには他に対してある程度の関わりがなければ「他である」ということもできない、とここで龍樹は考えています。そのような龍樹の考え方は次の第六偈においても示されています。このように龍樹はある場面においてはxとyの間に何らかの相依関係が存在することを認めています。この種の肯定的関係が龍樹のいう縁起の伏線なのです。

第三句の「縁って」（pratītya）も龍樹が肯定する関係、つまり縁起の関係を指しています。xに縁ってyがあるならば、このxとyとはまったく無関係というわけではなく、縁り合って存するのです。ここでは龍樹はxとyつまり二つの項の間に縁起の関係を認めています。

14・6　もし〔xという〕他が〔yという〕他よりも他であるならば、
〔yという〕他がなくても、〔xは〕他であろう。
しかし、その他なるものは他なくしては、他ではない。
ゆえに、そ〔の他であるもの〕は存しない。

偈前半は、xがyより他であるならばxはyと無関係に「他である」といえよう、という意味です。第三句は、yはxという他を離れて、他とはならない、と述べています。xとyとが異なるものであってはじめて一方が他方にとって「他である」ということができるからです。ここで龍樹は二つのものが異なることをある場面においては認めています。

第三句を踏まえて、第四句に「ゆえに、xは存しない」とあります。yという他のもの（縁ってあるもの）が存しないならば、xもない、というのです。第五偈注に述べたように、xとyとが「他である」場合に両者は無関係であると述べておきながら、この偈では「他である」ためにはxとyとは何らかの関係がなければならないという含みを龍樹は持たせています。これは相矛盾するような命題とも思われますが、『中論』における龍樹の論法はこのような一見相矛盾するような命題を積み重ねていきます。それは龍樹が反論を否定する時の次元と自らの縁起の理論を語る時の次元が異なっているからです。

14・7　他であるものに他であることはなく、
非他なるものにもない。
他であることがないゆえに、
他のものもなく、同じものもない。

龍樹独特の論法はさらに進みます。これまでは「xとyが他であること」はないと論じてきたのですが、これ以後は「ゆえに、xもyも存在しないこと」を論証しようとします。

第一句の「他であるもの（アニヤ　**anya**）に他であること」とは、yとまったく異なる他のものであるxにとっての「他であること」です。xとyとがまったく異なる場合には、xがyと異なっているともいえないという含みがあります。第二句の「非他なるもの（アナニヤ　**ananya**　同一のもの）にもない」とは、同一のものにも他であることは存しないという意味です。xはx自身にとって「他である」とはいえません。

この偈の論議には二つのレベルがあります。第一には「xとyが他である」という場合の、xとyはまったく関係ないというレベルです。第二には「xとyとが他である」というために、「他である」という側面をどこかで認めているレベルです。この二つのレベルを龍樹は巧妙に操作しているのです。

14・8　あるものが同じものと和合することはない。
あるものが他のものと和合することはない。
今和合されつつあるもの、すでに和合されたもの、
和合させる者も存在しない。

この章は元来、二つの項（xとy）の間の関係が成立しないということを論証しようとするものでした。xとyとが他であることが成立しないことがこれまでの議論によって論証されたので、それに基づいてこの章の結論であるxとyとの和合の不成立を証明します。

第三句の「今和合されつつあるもの」とは第二章第一偈の「踏み歩かれつつある場所」にかんする議論を思い起こさせます。つづく「すでに和合されたもの」とは、第二章第一偈の「すでに歩かれたところ」に対応します。第三句は、第二章第一偈に見られる時間を空間的に二分割した方法に龍樹は言及しているのです。

第四句の「和合させる者」も第二章第八偈の「歩行者」という概念に対応します。この「和合させる者」に対応する概念は第二章第一偈には登場することなく、第二章第六偈に見られます。

縁起が成立するためには、必ず二つの項が必要です。xに縁ってyがあるわけですから。龍樹によれば、見るものと見られるものは縁起の関係にあります。また、歩くことと歩く人とも縁起の関係にあります。この章において「和合」という関係は論議のほとんどの場面においては龍樹にとって否定されているのですが、第五偈等において見られたように、見るはたらき、見られるものなども最終的には龍樹は縁起の関係にあるものと認めています。ただアビダルマ仏教におけるような「和合」、すなわち自性を伴う二つのものの和合を否定しているのです。

第一五章　自性の考察――自体と他体――

一　自性と因・縁

第一五章は、ものを自体（自性）と他体（他性）および存在と非存在とに分割して考察し、最終的には「ものが存在する」および「ものは存在しない」という考え方は正しくないと主張しています。

この章は従来、数多くの研究者により注目され、『中論』のなかで重要な章と考えられてきました。例えば、『世界の名著2　大乗仏典』（講談社、一九六七年）には月称注『明らかな言葉』（プラサンナパダー）のこの章の梶山雄一訳が収められており、さらに梶山雄一訳「「知恵のともしび」第十五章（試訳）」『伊藤真城・田中順照教授記念仏教学論集』（高野山大学仏教学研究室、一九七九年）もあります。

第一偈は自性の特質を龍樹側の見解として総括的に述べています。

15・1　自性が縁と因から生ずるとはあり得ない。

因と縁から生じた自性は
作られたものであろう。

自性（スヴァ・バーヴァ　sva-bhāva）に関してはすでに第一章第三偈、第一三章第三〜四偈などにおいて考察しましたが、『中論』では「自性」という語は、少なくとも二つの意味に用いられています。一には恒常・不変の実体、二には存在を自のものと他のものに分けた場合の自のもの（自体）という意味です。龍樹はこの二つの意味を巧妙に使い分けていますが、『中論』の論議にあっては第一の意味がより頻繁に用いられています。この章の第一偈の「自性」は第一の意味に用いられています。以下、しばらく「自性」の意味について考えましょう。

アビダルマ仏教、特に説一切有部（有部）における「自性」についても改めて触れておきます（第一章第三偈注参照）。有部によれば、例えば、地という要素（元素）の自性は堅いこと（堅性）であり、水の自性は湿っていること（湿性）です。諸元素の内、地のみに存在する堅さは他の元素にはないゆえに、あるものが堅さを有するならば、それは地です。地ならば堅さを有しています。

地という元素には堅さの他にも重さや色などのさまざまな性質があります。地に存する地特有の堅さを「地の自性」と呼ぶならば、地に存する重さや色や匂いなどは自性でないにしても、地の性質ではあります。不変恒久のものという意味の自性はないとしても、地に重さや色や匂いなどの他の属性は存在します。このように有部などのアビダルマ仏教では、「そのもののみに存在して他のものには存在しない特性」の意味で「自性」という語が用いられます。

第一五章第一偈第一句では「自性は縁と因から生じない」と龍樹が述べています。反論者が主張する自性は原因・結果の関係によって作られたものではなく、恒常不変のものです。自性のサンスクリットである「スヴァ・バーヴァ」（sva-bhāva）とは自ら（スヴァ）のあり方（バーヴァ）、自体、性質、特質などを意味します。先に述べたように、アビダルマ仏教では地の自性は堅さでした。この場合は、自体とかそれ自身という意味ではなく、特質という意味です。地には堅さ以外にも色、形、重さなどのもろもろの性質があります。龍樹が『中論』においてアビダルマ仏教の主張する自性を否定する場合には、彼のいう「他のもろもろの性質」の存在は議論の表面には出てきません。

以上、「自性」の第一の意味について述べてきましたが、第二の意味についても触れておきます。アビダルマ仏教で考えられるような永久不変の本体（実体）という意味ではなく、今問題になっている、ものそのもの、それ自体を自性と呼ぶことがあることはすでに第一章第三偈の考察において見ました。

第二の意味の自性（自体）の場合には、今問題にしているもの、例えば地そのもの（自体）がないものであれば、地も存在しなくなります。第一の意味の自性（自体）の場合には、堅性がなくなったとしても色や形はありますから、地がそっくりなくなるということにはなりません。

『中論』にあって「無自性なるもの」（ニヒ・スヴァ・バーヴァ nih-sva-bhāva）は「自性を有していないもの」を意味する所有複合語であって、「自性ではないもの」を意味するのではありません。『中論』では「自性」は何ものかの自性であって、あるものとそのものの自性（あるいは性質）との関係が問題にされます。『中論』における「自性」という概念は、常に自性を有するものとの関係においいて考える必要があります。また、あるものがそれ自身を要素（メンバー）とするような集合（クラス）を考えることもできます。その場合であっても、あるものとそのような集合はまったく同じではありません。

「無自性なるもの」という概念について、恒常不変な実体がないという側面が問題となるときには「自性」の第一の意味に焦点が当たり、自体がないゆえに「空である」という側面が問題となるときには第二の意味に焦点が当たります。つまり、「無自性なるもの」という概念には、「自性」の持つ二種の側面があるのです。

第一四章第四偈ではもの（バーヴァ）が自のもの（自体　スヴァ・バーヴァ）と他のもの（他体　パラ・バーヴァ）に分割されています。このようにものが二者に分割された場合には、自性の恒常不変のものとしての側面は問題になりません。この際、龍樹は、自性を恒常不変のものと規定したままで、もろもろのものを自のものと他のものに分割しているとは思えません。第一章第一偈において「ものは自からも他からも生じない」と述べられていますが、この場合はすべての有為のものを自のものと他のものに分割しているのであって、すべてのものを恒常不変なるものと規定した後で自・他の二者に分割しているわけではありません。

このように考えるならば、龍樹は「自性」という語に少なくとも二つの意味を持たせているといえます。さらに、後の第二二章第一六偈では「如来の自性」とあり、この場合には自性は性質というほどの意味に用いられています。このケースをも数えるならば、『中論』では、自性（スヴァ・バーヴァ）という語は少なくとも三種の意味に用いられているといえるでしょう。

なお、龍樹に帰せられる『六十頌如理論』第五五頌では「スヴァ・バーヴァ」（自性）は龍樹によって肯定される「良い」本質の意味で用いられています［梶山・瓜生津 一九七四：八三］［Lindner 1982: 116］。これは第二二章第一六偈の意味と同類のものと考えられます。

第一偈前半の「自性が縁と因から生ずるとはあり得ない」という場合には、「自性」は第一の意味で用いられています。第一偈後半には「因と縁から生じた自性は作られたものであろう」とあります。因と縁から生じているとは、因果関係にしたがっているということであり、ようするに作られたものという意味です。龍樹は、自性が因果関係にしたがって生じたものではないことを次の第二偈に改めて述べます。

15・2　また自性がどうして
作られたものであろうか。
なぜならば、自性とは作られたものでなく、
他に依存しないものだから。

この偈の意味は「自性は作られたものでない。他に依存しないから」ということです。「すべてのものが因や縁から生じている」とは仏教の大前提であり、因や縁から生じていないものは縁起とはいえないと龍樹は考えます。この偈において「自性」という語は第一の永久不変の実体という意味に用いられています。

もっともアビダルマ教学、例えば有部の教学にあっても、ものは因果関係によって生ずると考えられます。有部の者たちによれば、それぞれのものに自性があるからこそ因果関係が成立するのです。しかし、龍樹はものに自性があれば因果関係は成立しないといいます。ようするに、両者にあっては「自性」の捉え方が異なるのです。

二　自体と他体

次の第三偈においては、しかし、第一偈の自性の意味で偈を読むことができません。先ほど説明した自性の第二の意味で考えざるを得ません。

15・3　自性（自体）が存在しないときに、
どうして他性（他体）が存在しようか。
というのは、他性の自性が
他性といわれるのだから。

第三偈の「自性」のサンスクリットは「スヴァ・バーヴァ」（sva-bhāva）であり、他性は「パラ・バーヴァ」（para-bhāva）です。龍樹がこの他性と自性の関係をどのように捉えていたのか、その手がかりは後半にあります。「他性の自性が他性といわれる」とありますが、この場合の「他性の自性」

とは、ようするに他体（他のもの）の自体という意味です。

すでに述べたように、龍樹は「スヴァ・バーヴァ」という語によって、アビダルマ仏教における地の自性として堅性や、ヴァイシェーシカ学派における地の特有の性質として香りのようなものを考えてはいませんでした。一方では、龍樹はスヴァ・バーヴァともの（バーヴァ）が一種の「所有されるものと所有するものとの関係」にあったと考えていました。というのは、「ものにはスヴァ・バーヴァがない、つまり無自性なるものである」と主張したのですから。

龍樹にとって「無自性なるもの」とは、「特殊な性質は欠くが他のもろもろの性質は残っている」を意味するのではなくて、ものそのもの（自体）がないことを意味しています。龍樹にあっては、自性とものとの相違はわずかですが、ともかく自性とものとの間に何らかの相違が認められています。この相違は、世親の『倶舎論』自注における「法」（ダルマ）の定義「自相を保持するがゆえに法である」における法と自相（スヴァ・ラクシャナ）の違いを思い起こさせます［立川 二〇二一a：一七三］。この場合、法と自相との間には微妙な相違しかありませんが、それでもこの両者は一応別のものなのです。

「自性」という語は現代語としてはなじみがないのですが、従来使われてきた訳語なので本書でも「自性」と訳しています。すでに述べたように『中論』における「自性」の第一の意味は恒常不変の性質という意味であり、第二の意味はそれ自体という意味です。「性」という語は今日、性質という意味で使う場合がほとんどです。第二の意味の場合には「自体」の方がより適切と思われます。この場合には自体と他体が補集合的に分けられています。もの（バーヴァ）が自のものと他のものに分けられているのです。「他の（別の）性質」あるいは「他のものの本性」という意味ではなくて、自のものと他のものの和（全領域）が考えられています。第一章第一偈における「ものは自から生じない。他から生じない」における「他」も、非自すなわち自らでないものを指していました。

三　存在と無

15・4　さらに、自性（自体）と他性（他体）を離れて
どうして存在（有）があろうか。
なぜならば、自性と他性があるとき、
存在は成立するゆえに。

これまでは自性と他性とが扱われていましたが、この偈では存在（有）を取りあげます。「自性と他性を離れて、どうして存在（有）があろうか」と偈前半にありますが、ここでは「存在」（有）が自性（自のもの）と他性（他のもの）に補集合的に配分されています。すなわち、自件（自のもの）と他性（他のもの）の和はすべての存在なのです。

ここに龍樹の「論法の工夫」が秘められています。本章はじめの二偈においては「他性」という概念は登場していません。第一〜二偈の議論においては自性のみで十分なのであって、他性という概念は龍樹の議論にとって不要です。一方、第三〜四偈では「他性」という概念が見られます。第一〜二

偈における自性は他性との関係において考えられていませんが、第三〜四偈における自性は他性との関係において考えられています。第四偈の後半には「なぜならば、自性と他性があるとき、有（存在）は成立するゆえに」とあり、存在は自と他に分けられると考えられています。ここの論議にあっては「他」という概念が不可欠です。

第三〜四偈において、もの（存在、有）は自のもの（自性）と他のもの（他性）に配分されていましたが、次の第五偈ではものが存在するもの（有）と存在しないもの（無）に配分されます。

15・5　もしも有が成立していないならば、
　非有（無）もまた成立しない。
　というのは、有の変異を無と
　人びとは呼ぶのだから。

龍樹は有（バーヴァ　bhāva）がないならば非有（ア・バーヴァ　a-bhāva　無）もない、と述べます。有が存在してはじめてその否定である無が成立するゆえに、無が成立する根拠ともいうべき有がないならば、無も存在しないというのです。第三句には「有の変異を無と人びとは呼ぶ」と述べられており、「有の否定が無」と述べられてはいません。龍樹は『中論』のなかで「否定」（プラティシェーダ　pratiṣedha）という言葉を用いていません。『中論』約四五〇偈のなかで「〜ではない」（na）という命題の否定辞は五一一回も用いられています。このように「否定」は『中論』のなかで頻繁に行われており、命題の否定と名辞の否定も区別されているのですが、「プラティシェーダ」（否定）という語は見られないのです。

後期のヴァイシェーシカ学派、例えばウダヤナ（一一世紀）はその著『ラクシャナーヴァリー』（定義の環）』のなかで、存するもの（bhāva）と存するものの欠如（a-bhāva）つまり有と無とを合わせてものを存するもの（bhāva）と呼んでいます［Tachikawa 1981:57］。世界を存するものと欠如（無）とに分けて、有にはこれこれのものが属し、無にはこれこれの種類があるというのがヴァイシェーシカ派の考え方です。この学派では無も一種の実在なのです。『中論』第一五章第五偈における「無」は、むろん後期のヴァイシェーシカ学派におけるような実在ではありません。

本章におけるこれまでの論議では命題を提出する主体は問題となりませんでしたが、次の偈では、相矛盾する二命題（辺）を否定する主体が取りあげられます。

15・6　自性と他性と
存在（有）と無とを
見る者たちは、ブッダの教説において
真実を見ない。

自体（自性）と他体（他性）あるいは存在（有）と無への分裂（プラパンチャ）を認識する者は、ブッダの教説は正しく理解できないというのです。インド六派哲学の一派であるミーマーンサー学派にあっては、ヴェーダ聖典の言葉（シャブダ）は無始以来存するものでしたが、龍樹にとって言葉（命題）とは外界において人間の努力を俟たずに存在しているものではありません。言葉あるいは命題はそれを発する人があってはじめて成立すると考える龍樹は、はじめに命題の非成立を証明し、次にその命題を提示した者（話者）の存在を否定しています。

15・7　『カーティヤーヤナへの教え』において
有と無を正しく知る世尊によって
存する存しないは
二つとも否定された。

第六偈に対する経証として『カーティヤーヤナへの教え』が引用されています。この偈は『中論』のなかで引用文献のタイトルが述べられて引用されている珍しい例です。この文はパーリ相応部一二・一五（**SN XII, Nidāna-saṃyutta, 15 Kaccāyana-gotta, PTS, Vol. II, p. 17**）＝雑阿含三〇一教（大正蔵　第二巻　八五頁下）に見られます（プサン版　二六九頁。三枝訳、四〇七頁参照）。

四　本性と変異

15・8　もしあるものが本性上存するならば、

そのものに無はないだろう。
なぜなら、本性が変異することは
けっしてないから。

「本性」（プラクリティ）の意味は自性（スヴァ・バーヴァ）のそれに似ていますが、まったく同じというわけではありません。「自性」という概念は自と他の問題に関わります。「自」は「他」との相関的概念です。一方、プラクリティ（本性）は少なくとも『中論』において「自」と「他」への配分を受けません。さらにプラクリティは「自性」という語の第一の意味と同じく、恒常不変のものと考えられています。

サーンキャ学派にあっては、この世界はプラクリティ（原質）の自己展開の結果と考えられています。『中論』にあって「プラクリティ」という語は本性、本質というような意味で用いられており、サーンキャ学派におけるような世界の質料因の意味では用いられていません。

15・9　本性がないときに、
変異は何ものにあろうか。
あるいは、本性があるときに、
変異は何ものにあろうか。

この偈に関しては、月称注のみが前半を反論者の説、後半を龍樹の説と解釈していますが、他の注釈家はすべて全体を龍樹の説と考えています。後者の読み方の方が妥当と思われます。というのは、この偈には龍樹の論議に特徴的な補集合的配分が見られる、と解釈した方が自然だと思われるからです。偈の第一句および第三句において「本性がある場合とない場合」への補集合的配分が見られると解釈することができます。

前半と後半は同じ話者によって発せられたと考えるべきでしょう。ドゥ・ヨング版では偈の前半と後半に「あるいは」(vā)が見られ、偈全体が一人の話者によって提出されたことを示しています。ここではドゥ・ヨング版にしたがっています。偈の前半と後半は一続きの論議を述べており、同一の論者の見解として理解すべきと思われます。プサン版(二七二頁)のテキスト第三句では、「あるいは」(vā)のかわりに「また」(ca)が見られます。

第一句の「本性がない」とは「何も存在しない」を意味します。何も存在しないときには何ものも変化しません。変異の起きるべきものがないからです。この場合の「本性がない」の意味は、特質はないが他のもろもろの性質は存するということではなくて、龍樹のいう「自性(自体)がない」に似ています。本性があるときには、本性はいかなる変化も許さないのですから、変異は見られません。この論議は「本性」(プラクリティ)を「自性」(スヴァ・バーヴァ)と置き換えても成立する論議です。では、なぜ龍樹はここで「本性」という語を用いたのでしょうか。おそらくは「自と他の関係」を持ち込むことなく論議を進めることができたからでしょう。

この偈にはさらにトリックが隠されています。この偈において「本性がないとき」と「本性があるとき」とはその表現形式からすれば矛盾の関係にあるようですが、実際の内容としては矛盾の関係となってはいません。「本性がない」とは存在の影すらないまったき無を意味します。そのような無にあっては何らの変異も見られないのです。「本性がある」とは恒常不変の実体のみによって満たされているような状態を指します。このように「本性がある」と「本性がない」との二者は、「世界」の両端のみを指し示しているのであって、「世界」を補集合的に分割しているのではありません。このような論法はこれまでにもしばしば見られました。

本性があってもなくても変異はない、という場合、どのようなものの本性が問題になっているのでしょうか。本性を有するものあるいは有しないものの存する論議領域が問題です。『中論』の偈文には論議領域は明記されていません。例えば、「すべてのものに本性があるか、無いかのいずれかである」と偈にあれば、論議領域は「すべてのもの」であることがはっきりします。ここではおそらく龍樹はあらゆるものの本性を視野に入れていた、すなわち、論議領域は「すべてのもの」であった、と思われます。

先ほど、月称注のみがこの偈前半を反論者の説、後半を龍樹の説と解釈していると述べました。月称はこの偈前半の反論者の理解を次のように述べています。「ここで反論者がいう。本性上存在しているものには変異はあり得ない。しかし、変異は認められるゆえに、本性はこれらのものに存しない」。さらに反論者は次のように続けます。「本性（プラクリティ）上つまり本来存在していない空華に変異はあろうか。それゆえ、存在していない本性を有するものの変異は認められないが〔存するものには〕変異は認められるので、自性（スヴァ・バーヴァ）は存する」（プサン版　二七一～二七二頁）。

ようするに、ここで仮想されている反論者は、「本性上存しないものに変異がないとしても、本性上存するものには変異があろう」と主張しているのです。

偈後半を龍樹の見解と考える場合には、龍樹は「本性がある場合には、当然、変異はない」と答えると思われます。月称注のように第九偈の内容を反論として理解するとしても、仮想された反論の場合もまた、本性上存在しているものと本性を欠いているものへの配分は龍樹によってなされることになりますから、第九偈の議論は大きくは変わりません。

15・10 〔ものが〕存するとは、常住への執着であり、
〔ものが〕存しないとは、断絶という見解である。
それゆえ、賢者は存することと存しないことに
依拠すべきではない。

「ものが存すると執着すること」は伝統的に常見、「ものが存しないと固執すること」は断見といわれてきました。賢者はものの存することと存しないことに依るべきではない。つまり、存するといってもよくないし、存しないといってもよくない、というのです。では、人は永久に言葉を用いることはできないのでしょうか。言葉を用いるならば、必然的に「ものは存する」とか「ものは存しない」というように肯定形あるいは否定形の命題を用いざるを得ません。このような疑問に対して龍樹は、言葉が空性に接することによって蘇ることができる、と後の第二四章第一八偈（三諦の偈）などによ

って述べます。しかし、ここでは仮説（蘇った言葉）は問題になっていません。
次の第一一偈はこの章を締めくくりますが、内容的には第一〇偈のいい換えと考えられます。

15・11　というのは、およそ自性上存するものは
　無とはいえない、とは常住への執着である。
　前には存したが今は無いといえば
　断絶への執着が誤りに堕ちる。

この「自性上」という箇所には「スヴァ・バーヴァ」（sva-bhāva）が用いられていますが、この場合には第一の意味に用いられています。「無とはいえない」とは永続するという執着であり、これは第一〇偈とほぼ同じことを述べています。以前には存したが今はない、といえば断絶の見解（ものは断絶している、という見解）に堕ちるというのです。

略語および文献

宇井訳：宇井伯寿『東洋の論理』青山書院　一九五〇年　二四九～三〇七頁。
三枝訳：三枝充悳『中論』（上、中、下）第三文明社　一九八四年。
寺本訳：寺本婉雅『龍樹造中論無畏疏』国書刊行会　一九七四年。
中村訳：中村元『ナーガールジュナ』講談社　一九八〇年。
平川訳：平川彰「中論の頌」『仏典Ⅱ　世界古典文学全集（7）』筑摩書房　一九六八年　三五九～三七六頁。
山口訳1：山口益『浄明句論』と名づくる月称造中論釋（一）』弘文堂書房　一九四七年。
山口訳2：山口益『『浄明句論』と名づくる月称造中論釋（二）』弘文堂書房　一九四九年。
渡辺訳：渡辺照宏「中論」『渡辺照宏著作集』（第八巻）筑摩書房　一九八三年　一～七一頁。
無畏注：北京版西蔵大蔵経　五二二九番　第九五巻　*dBu ma rtsa ba'i 'grel pa ga las 'jigs med*。
青目注：（ピンガラ注、鳩摩羅什漢訳）『中論』大正蔵　一五六四番　第三〇巻。
仏護注：（ブッダパーリタ注）北京版西蔵大蔵経　五二四二番　第九五巻　*dBu ma rtsa ba'i 'grel pa buddha pā li ta*。
安慧注：（スティラマティ注）『大乗中観釈論』『卍大蔵経』二六・一　大正蔵　一五六七番　第三〇巻。
清弁注：（バーヴィヴェーカ注）北京版西蔵大蔵経　五二五三番　第九五巻　*dBu ma rtsa ba'i 'grel pa śes rab sgron ma*;『般若灯論』大正蔵　一五六六番　第三〇巻。
観誓復注：（清弁注に対する復注）北京版西蔵大蔵経　五二五九番　第九六～九七巻　*Śes rab sgron ma'i rgya cher 'grel pa*。
月称注：（チャンドラキールティ注）プサン版サンスクリット・テキスト、北京版西蔵大蔵経　五二六〇番

第九八巻、*dBu ma rtsa ba'i 'grel pa tshig gsal ba śes bya ba*。

大正蔵：大正新脩大蔵経　大正一切経刊行会　一九二四～一九三四年。

チベット語訳中論：北京版西蔵大蔵経　五二二四番　第九五巻　*dBu ma rtsa ba'i tshig le'ur byas pa shes rab ces bya ba*。

ドゥヴァーリカーダーサ版：Swami Dwarika Das Shastri. *Madhyamakaśāstra of Nāgārjuna With the Commentary Prasannapadā by Candrakīrti & With Hindu Summary*. Varanasi: Buddha Bharati, 1989.

ドゥ・ヨング版：de Jong, J. W. *Nāgārjuna, Mūlamadhyamakakārikāḥ*. Madras: The Adyar Library and Research Centre, 1977.

プサン版：de la Vallée Poussin, Louis. *Mūlamadhyamakakārikās de Nāgārjuna avec la Prasannapadā de Candrakīrti*. St. Petersbourg: Academie Imperiale de Sciences, 1913 (Reprint, Delhi: Motilal Banarsidass, 1992).

ワレーザー版：Walleser, Max. *Buddhapālita. Mūlamadhyamakakārikā. Tibetische Übersetung*. St. Petersbourg: Academie Imperiale de Sciences, 1913-1914 (Reprint Delhi:Motilal Banarsidass, 1992).

国訳一切経印度撰述部　中観部第一～二巻　羽溪了諦訳　江島恵教校訂　大東出版社　一九七六年（改訂版）。

台北版西蔵大蔵経：台北版西蔵大蔵経　南天書局有限公司　一九九一年。

デルゲ版西蔵大蔵経：『西蔵大蔵経総目録』東北帝国大学蔵版　一九三四年。

北京版西蔵大蔵経：影印北京版西蔵大蔵経　鈴木学術財団　東京・京都　一九五五～一九六一年。

宇井伯寿「国訳中論」『国訳大蔵経』論部第五巻　国民文庫刊行会　一九二〇年。

――『東洋の論理』青山書院　一九五〇年　二四九～三〇七頁。

上田義文『大乗仏教思想の根本構造』百華苑　一九五七年。

瓜生津隆真『ナーガールジュナ研究』春秋社　一九八五年。

瓜生津隆真・中沢中『全訳　チャンドラキールティ　入中論』起心書房　二〇一二年。

小川一乗『空性思想の研究――入中論の解説――』文栄堂　一九七六年。

荻原雲来訳『和訳　称友倶舎論疏』梵文倶舎論刊行会　一九三三年。

奥住毅『中論注釈書の研究』大蔵出版　一九八八年（新装版　二〇〇五年）。

――『チャンドラキールティ入中論および自注』山喜房佛書林　二〇一九年。

梶山雄一「中論における無我の論理」『自我と無我』（中村元編）平楽寺書店　一九六三年。

――「智慧のともしび一」『世界の名著2　大乗仏典』講談社　一九六七年　二八七～三三八頁。

――「中観哲学と因果論」『仏教思想3　因果』（仏教思想研究会編）平楽寺書店　一九七八年　一四七～一七五頁。

――「「知恵のともしび」第十五章（試訳）」『伊藤真城・田中順照教授記念仏教学論集』高野山大学仏教学研究室　一九七九年。

――「中観派の十二支縁起解釈」『仏教思想史　3』平楽寺書店　一九八〇年　八九～一四六頁。

――『梶山雄一著作集』八巻　春秋社　二〇〇八～二〇一三年。

梶山雄一・瓜生津隆真訳『龍樹論集　大乗仏典14』中央公論社　一九七四年。

クンチョック・シタル、奥山裕『全訳ツォンカパ中論註『正理の海』』起信書房　二〇一四年。

三枝充悳「中論研究序論」『理想』三八八号　理想社　一九六五年。

――『龍樹・親鸞ノート』法藏館　一九八三年。

――『中論』（上、中、下）第三文明社　一九八四年。

――『中論偈頌総覧』第三文明社　一九八五年。

――『初期仏教の思想』（上、中、下）第三文明社　一九九五年。

櫻部建『倶舎論の研究』法藏館　一九六九年。

櫻部建・上山春平『仏教の思想2　存在の分析〈アビダルマ〉』角川書店　一九六九年。

清水公仁「『中論頌』第XIII章の研究」『龍谷大学大学院文学研究科紀要』三八　二〇一六年　三九～六一頁。

立川武蔵「月称註『明らかな言葉』二章和訳・解説（一）」『成田山仏教研究所紀要』一一　一九八八年　一九五～二一八頁。

――「月称註『明らかな言葉』二章和訳・解説（二）」『藤田宏達博士還暦記念論集　インド哲学と仏教』一九八九年　四三三～四五五頁。

――『はじめてのインド哲学』講談社　一九九二年。

――『中論の思想』法藏館　一九九四年。

――『般若心経の新しい読み方』春秋社　二〇〇一年。

――『空の思想史』講談社　二〇〇三年。

――「『倶舎論』における「アビダルマ」の意味について」『印度学仏教学研究』五四‐二　二〇〇六年　五六四～五七一頁。

――『空の実践　ブッディスト・セオロジーⅣ』講談社　二〇〇七年。

――『ヒンドゥー神話の神々』せりか書房　二〇〇八年。

――「『倶舎論』の思想（一）」『愛知学院大学禅研究所紀要』三八　二〇一〇年　四五～五五頁。

――「『倶舎論』の思想（二）」『愛知学院大学禅研究所紀要』三九　二〇一一年　八七～一〇二頁。

――「『中論』第2章訳注（1）」『インド論理学研究』Ⅳ　インド論理学研究会　駒澤大学金沢研究室　二〇一二年　三九～五四頁。

――「『中論』第一章訳注」『愛知学院大学人間文化研究所紀要』二五　二〇一三年　一三一～一五四頁。

――「『倶舎論』における界について」『印度學仏教學研究』五七‐一　日本印度學仏教學学会　二〇〇八年。

――『仏教史1』西日本出版社　二〇二一年a。

――『仏教史2』西日本出版社　二〇二一年b。

丹治昭義『中論』（上・下）『新国訳大蔵経　中観部』16-1・2　大蔵出版　二〇一九年。

寺本婉雅『龍樹造中論無畏疏』国書刊行会　一九七四年。

寺本婉雅・平松友嗣共編訳註『蔵漢和三訳対校　異部宗輪論』国書刊行会　一九七四年。

中村元「『中論』諸解釈における解釈の相違」『仏教研究論集――橋本博士退官記念論集――』清文堂　一九七五年　六五～七九頁。

――『ナーガールジュナ』講談社　一九八〇年。

松田愼也・勝本蓮華・長尾佳代子・山本英代『原始仏典　七』『中部経典　四』春秋社　二〇〇五年。

水野弘元『仏教用語の基礎知識』春秋社　一九七二年。

福原亮厳監修『梵本蔵譯漢譯合壁　阿毘達磨倶舎論本頌の研究――業品・随眠品――』永田文昌堂　一九八六年（改訂版）。

平川彰「中論の頌」『仏典Ⅱ　世界古典文学全集（7）』筑摩書房　一九六八年　三五九～三七六頁。

本多恵「プラサンナパダー第二十四・二十五章和訳」『同朋大学論叢』三七　一九七七年　一〇七～一六九頁。

――「プラサンナパダー第十八・十九・二十章和訳」『同朋大学論叢』三八　一九七八年　八五～一五三頁。

――「プラサンナパダー第二十一・二十二・二十三章和訳」『同朋大学論叢』三九　一九七八年　一二三～一八七頁。

安井廣濟『中観思想の研究』法藏館　一九六一年。

――「龍樹の空の学説と自我の問題」『仏教学セミナー』三二（大谷大学仏教学会　一九八〇年一〇月）。

山内得立『ロゴスとレンマ』岩波書店　一九七四年。

山口益『浄明句論』と名づくる月称造中論釋（一）』弘文堂書房　一九四七年。

山口益『『浄明句論』と名づくる月称造中論釋（二）』弘文堂書房　一九四九年。
――――『般若思想史』法藏館　一九五一年。
渡辺照宏「中論」『渡辺照宏著作集』（第八巻）筑摩書房　一九八二年　一～七一頁。

Bhattacharya, K., E. H. Johnston, and A. Kunst. *The Dialectical Method of Nāgārjuna, Vigrahavyāvartanī*. Delhi: Motilal Banarsidass, 1978.

Conze, Edward. *Vajracchedikā Prajnāpāramitā*. Roma: Is. M. E. O., 1974.

de la Vallée Poussin, Louis. *Mūlamadhyamakakārikās de Nāgārjuna avec la Prasannapadā de Candrakīrti*. St. Petersbourg: Academie Imperiale de Sciences, 1903-1913 (Reprint, Delhi: Motilal Banarsidass, 1992).

―――― *Madhyamakāvatāra par Candrakīrti*. St. Petersbourg: Academie Imperiale de Sciences, 1907-1912 (Reprint, Delhi: Motilal Banarsidass, 1992).

de Jong, J. W., *Nāgārjuna, Mūlamadhyamakakārikāḥ*. Madras: The Adyar Library and Research Centre, 1977.

Frauwallner, E. *Die Philosophie des Buddhismus*. Berlin: Akademie-Verlag, 1956.

Inada, Keneth. *Nāgārjuna, A translation of his Mūlamadhyamakakārikā with an Introductory Essay*. Tokyo: The Hokuseido Press, 1970.

Kalupahana, David. *Nāgārjuna: The Philosophy of the Middle Way*. Albany: State University of New York Press, 1986.

Lang, Karen. *Āryadeva's Catuḥśataka*. Copenhagen: Akademisk Forlag, 1986.

Lindtner, C. *Nagarjuniana: Studies in the Writings and Philosophy of Nāgārjuna*. Copenhagen: Akademisk Forlag, 1982.

Lopez, Donald. *Elaborations on Emptiness*. Princeton: Princeton University Press, 1998.

May, Jacques. *Candrakirti: Prasannapadā Madyamakavṛtti*. Paris: A. Maisonneuve, 1959.

Monier-Williams, Monier. *A Sanskrit-English Dictionary*. Oxford: The University Press, 1899.

Müller, M. and Bunyu Nanjo (ed.). *Vajracchedikā-Pragñāpāramitā-Sūtra, The Ancient Palm-Leaves, Annecdota Oxoniensia, Aryan Series*, Vol. 1. Oxford: The Clarendon Press, 1881.

Murti, T. R. V. *The Central Philosophy of Buddhism*. London: Allen & Unwin,1955.

Nagao, Gajin. *Mādhyamika and Yogācāra* (tr. By L. Kawamura) Albany: State University of New York Press, 1991.

Pandeya, Raghunath. *The Madhyamakaśāstram of Nāgārjuna*. Delhi: Motilal Banarsidass, 1988 (Volume 1), 1989 (Volume 2).

Pradhan, P. *The Abhidharmakośabhāṣyam of Vasubandhu*. Patna: K. P. Jayaswal Research Institute, 1975.

Robinson, Richard, H. *Early Madhyamika in India and China*. Madison: University of Wisconsin Press, 1967.

Rosenberg, Otto. *Das Probleme der Buddhistischen Philosophie* (tr. by Mrs. E. Rosenberg into German) Leipzig: Harrasowitz, 1924.

Ruegg, David Seyfort. *The Literature of the Madhyamaka School of Philosophy in India*. Wiesbaden: Harrassowitz, 1981.

Sideritz, Mark and Shōryū Katsura. *Nāgārjuna's Middle Way*. Boston: Wisdom Publication, 2013.

Sprung, Mervyn. *Lucid Exposition of the Middle Way*. Boulder: Prajña Press, 1979.

——— (ed.). *The Problem of Two Truths in Buddhism and Vedānta*. Boston: D. Reidel, 1973.

Stcherbatsky, T. *The Conception of Buddhist Nirvana.* Leningrad: Publishing Office of the Academy of Science of the U. S. S. R., 1927. (Reprint, Delhi: Motilal Banarsidass, 1977).

Steinthal, Paul. *Udāṇaṃ*. London: PTS (Pali Text Society),1885.

Streng, Frederick. *Emptiness: A Study in Religious Meaning*. New York: Abingdon Press, 1967.

Swami Dwarikadas Shastri. *Abhidharmakośa & Bhāṣya of Achārya Vasubandhu with Sphutārthā Commentary of*

Yośomitra. Varanasi: Bauddha Bharati, 1970 (Part I), 1971 (Part II), 1972 (Part III), 1973 (Part IV).

Tachikawa, Musashi. "A study of Buddhapālita's Mūlamadhyamakavṛtti (1)," *The Journal of the Faculty of Literature, Nagoya University*, No. 63. Nagoya: Faculty of Literature, Nagoya University, 1974.

——— *The Structure of the World in Udayana's Realism*. Dordrecht: D. Reidel Publishing Company, 1981.

——— *An Introduction to the Philosophy of Nāgārjuna* (tr. by R. Giebel) Delhi: Motilal Banarsidass, 1997.

———"Logic seen in the Diamond Sutra," *Indologica Taurinensia*, Vol. XXVIII. Torino: Edizioni A. I. T., 2002, pp.205-210.

——— *A KWIC Indexto the Mūlamadhyamakakārikā*. Kyoto: Hozokan, 2007.

——— *Emptiness in Indian Buddhism.* Kathmandu: Vajra Books, 2018.

——— *Representing the World as Sacred*. Kathmandu: Vajra Books, 2021.

Tsong kha pa. *rTsa shes ṭik chen rigs pa'i rgy mtsho*. Varanasi: Pleasure of Elegant Saying Press, 1973.

Vaidya, P. L. *Aṣṭasāhasrikā Prajñāpārimitā*. Buddhist Sanskrit Texts, no.4. Darbhanga: The Mithila Institute, 1960.

Walleser, Max. *Die Mittlere Lehre des Nāgārjunn nach der tibetischen Version übertragen*. Heidelburg: Carl Winter's Universitäts-buchhanndlung, 1911.

——— *Die Mittlere Lehre des Nāgārjunn nach der chinesischen Version übertragen*. Heidelburg: Carl Winter's Universitäts-buchhanndlung, 1912.

——— *Buddhapālita. Mūlamadhyamakakārikā. Tibetische Übersetung*. St. Petersbourg: Academie Imperiale de Sciences, 1913-1914 (Reprint, Delhi: Motilal Banarsidass, 1992).

Ye Shaoyong. 中論頌：梵藏漢合校（*Mūlamadhyamakakārikā: New Editions of the Sanskrit, Tibetan and Chinese Versions, with Commentary and a Modern Chinese Translation*）. 上海：中西書局，2011.

——— A Sanskrit Manuscript of *Madhyamaka-kārikā* and Buddhapālita's Commentary from Tibet, IABS material, undated.

立川武蔵（たちかわ　むさし）

1942年、名古屋市生まれ。名古屋大学文学部卒。文学博士（名古屋大学）。Ph.D.（ハーバード大）。名古屋大学文学部教授、国立民族学博物館教授、愛知学院大教授を経て、現在、国立民族学博物館名誉教授。専門はインド学・仏教学。著書に『中論の思想』（法藏館）、『空の思想史』『日本仏教の思想』『ブディスト・セオロジー』（5巻）（講談社）、『マンダラ観想と密教思想』『三人のブッダ』（春秋社）、『最澄と空海』『死と生の仏教哲学―親鸞と空海を読む―』（KADOKAWA）など。

中論講義《ちゅうろんこうぎ》　上

二〇二四年一一月三〇日　初版第一刷発行

著　者　立川武蔵

発行者　西村明高

発行所　株式会社　法藏館
京都市下京区正面通烏丸東入
郵便番号　六〇〇-八一五三
電話　〇七五-三四三-〇〇三〇（編集）
〇七五-三四三-五六五六（営業）

装幀　野田和浩

印刷・製本　中村印刷株式会社

ISBN 978-4-8318-2483-7 C3015